板鞋竞速运动的教学与训练

陆晓洲　范运祥　柴国荣◎著

吉林大学出版社

·长春·

图书在版编目（CIP）数据

板鞋竞速运动的教学与训练 ／ 陆晓洲，范运祥，柴
国荣著 . -- 长春：吉林大学出版社，2024. 11.

ISBN 978 - 7 - 5768 - 4210 - 4

Ⅰ. G852. 9

中国国家版本馆 CIP 数据核字第 2024GE9690 号

书　　　名	板鞋竞速运动的教学与训练	
	BANXIE JINGSU YUNDONG DE JIAOXUE YU XUNLIAN	
作　　　者	陆晓洲　范运祥　柴国荣	
策划编辑	李潇潇	
责任编辑	李潇潇	
责任校对	张　驰	
装帧设计	中联华文	
出版发行	吉林大学出版社	
社　　　址	长春市人民大街 4059 号	
邮政编码	130021	
发行电话	0431-89580036/58	
网　　　址	http：//www. jlup. com. cn	
电子邮箱	jldxcbs@ sina. com	
印　　　刷	三河市华东印刷有限公司	
开　　　本	787mm×1092mm　1/16	
印　　　张	14	
字　　　数	170 千字	
版　　　次	2025 年 5 月第 1 版	
印　　　次	2025 年 5 月第 1 次	
书　　　号	ISBN 978 - 7 - 5768 - 4210 - 4	
定　　　价	68. 00 元	

前　言

在体育运动的广阔天地中，板鞋竞速是一项独具魅力且充满挑战的项目。它源于我国少数民族的传统民俗活动，历经千百年传承与创新，逐渐发展成为一项集趣味性、竞技性与团队协作性于一体的现代运动。板鞋竞速不仅考验参与者的速度与力量，更强调团队成员之间的默契配合与节奏统一，是体能、技术与智慧的完美结合。近年来，随着全民健身的蓬勃发展和民族体育文化的推广，板鞋竞速运动在校园、社区乃至国际赛事中愈发受到关注，成为连接传统与现代、体育与文化的桥梁。

然而，作为一项新兴的正式竞技项目，板鞋竞速的教学与训练尚未形成系统化的理论体系与实践指南。许多教练员、运动员和爱好者虽怀揣热情，却因缺乏科学的指导而面临技术瓶颈或训练误区。如何将传统经验与现代运动科学相结合？如何通过高效训练提升团队协作能力与个人技术？如何避免运动损伤并延长运动员的竞技寿命？这些问题亟待系统化的解答。

本书的编写正是基于这样的背景与需求。我们以多年的教学实践、赛事经验及运动科学研究为基础，结合国内外优秀案例，力图构建一套科学、实用且具有文化特色的板鞋竞速教学与训练体系。全书内容涵盖技术动作解析、团队协作训练方法、体能提升方案、运动损伤预防以及赛事策略指导，既适合初学者入门学习，也能为专业运动员和教练员提供进阶参考。书中特别注重理论与实践的结合，通过图文并茂的示范、分阶段训练计划以及常见问题解答，帮助读者在动态中掌握技术精髓，在团队中实现自我突破。

本书是团队协作的成果，凝聚了每位作者的专业智慧与实践经验。具体分工如下：陆晓洲负责第一章第二、三节，第二章第一至第三节，第三章第一节、第四节，第四章第一至第四节，第五章第一至第三节，第六章第一、二节的撰写，并构建了全书的理论框架；范运祥负责第三章第二、三节的撰写；柴国荣负责第一章第一节、第六章第三节的撰写；全书由陆晓洲统筹策划，并对文稿进行系统性修改与整合。

由于学术水平有限，难免存在值得进一步商榷和探究之处，恳请广大同仁和读者批评、指正。

目　录
CONTENTS

第一章

板鞋竞速概况

第一节 板鞋竞速的起源与发展

少数民族传统体育,是发源于各少数民族的生活当中,有着鲜明的本民族体育文化特色且对身心健康具有积极作用的体育活动。这种传统体育,在人类活动中担任着重要的角色,也是现代竞技体育得以发展的肥沃土壤。当前社会流行的各种体育项目,往往源于某个地区的一个或几个少数民族,经过漫长的演变和发展,最终被世界所认可和接受,成为全人类共享的体育文化财富。少数民族传统体育的特点鲜明,形式多样,与各民族的地理环境、生产特点、人文历史、经济生活和风俗习惯有着密切的关系。

板鞋竞速,又称为三人板鞋竞技,是一种流行于广西壮族自治区的集体运动项目。原则上,板鞋上可以容纳一人或多人,甚至多达几十人,然而,三人木枷练兵法在民间广泛流传,最终演变为三人板鞋竞速体育比赛项目。该项目是由三名队员纵队排列,脚穿同一副板鞋,徒手搭肩或扶腰后,以相近姿态和同一步频向前快速奔跑的团队竞速性运动项目。

板鞋竞速作为我国民族传统体育运动项目,近年来得到了迅速的发展。尤其是在广西少数民族传统体育运动会中，板鞋竞速项目占据着极其重要的地位，对于继承和发展少数民族传统体育起到了关键的推动作用。自 1987 年以来，板鞋竞速从体育运动会上的表演项目转变为正式的体育竞赛项目，有力地推动了我国少数民族传统体育事业的发展。

随着板鞋竞速规则的不断完善，运动技术的基本成熟和定型，以及其所蕴含的竞技、健身、娱乐和教育等现代体育价值的不断挖掘，板鞋竞速这一独特的运动方式得到了广泛的认同和接受。2007 年，在第八届全国少数民族传统体育运动会上，三人板鞋竞速被正式命名为"板鞋竞速"，并被确定为全国少数民族传统体育运动会的正式竞赛项目。这一举措进一步推动了板鞋竞速运动的发展，使其成为我国民族传统体育运动中的重要组成部分。

一、板鞋竞速的起源

板鞋运动起源于明朝嘉靖年间，至今已有 400 多年的历史。作为壮族传统体育项目，它反映了壮族深厚的历史文化和体育文化底蕴。随着人们对板鞋运动的挖掘和整理，板鞋运动以丰富多彩的形式走入了人们的生活，其独特的娱乐性、竞技性、民族性深受各族人民的喜爱。

板鞋运动的历史沿革大致分成板鞋拳、板鞋武、板鞋舞、板鞋竞速 4 个发展阶段。这 4 个阶段并无特别明显的时间界限。同一时期，有可能出现多种板鞋运动表现形式，只是某一形式暂时占据主流而已。

（一）板鞋拳——萌芽与发展

板鞋运动起源于明朝嘉靖年间的那地，至今已有 460 余年的历史。据考证，那地古为夜郎国属地，民风彪悍。《西粤风土记》记载：南丹视田州、泗城差小，而兵力强悍，东兰、那地兵亦精勇。这一民风在一定程度上为明朝板鞋拳的萌发奠定了人文基础。目前主流认可的板鞋运动的萌发主要有以下 4 种版本。

1. 瓦氏夫人发明说

广西壮族女英雄瓦氏夫人曾经以板鞋作为"秘密武器"，训练士兵之间的团结性以及协作能力。她让士兵或 3 人，或 6 人，同穿上一副长板鞋跑步，长期如此训练，士兵的素质大大提高，在战场上大败倭寇，为壮族人民立了大功。后来，南丹县那地州壮族人民模仿瓦氏夫人练兵方法，开展 3 人板鞋活动自娱自乐，相袭成俗，用于健体强身，流传至今。

2. 罗武杰发明说

壮族板鞋运动发源于南丹那地一带，又名"三人穿板鞋"。板鞋最初并不是用木板做成的，也不叫板鞋，而是以长丈余的宽竹片为材料，对折夹绑在二至三人的脚上，叫作木枷锁，是明清时期当地土司用以束缚奴隶的刑具。明嘉靖三十一年（1552），那地州事罗武杰领兵赴江浙抗击倭寇，其练兵方法便是采用了木枷锁来训练俍兵，这就是当地盛传"三人穿板鞋"的起源。

3. 罗武杰、罗腾皋发明说

明嘉靖三十年（1551），那地、南丹、东兰、田州（今田阳）、归顺（今靖西）5 州俍兵集结赴浙江抗倭，土司罗武杰见来自各州的将士军纪松懈，为了严明军纪，提高战斗力，他组织将士进行缚腿赛跑训练，使全军将士同心协力、团结一致。至清咸丰年间，罗氏十三世孙罗腾皋接任那地土司后，把 3 人缚腿赛跑改为 3 人穿板鞋比赛，增添了比赛的趣味性和民间乡土特色，深受当地人民喜爱。

4. 张今、瓦氏夫人、罗武杰发明说

明嘉靖年间，总督张今从广西田州、归顺州、南丹州、那地州、东兰州等州调瓦氏夫人和她的俍兵，以及湖南湘西永顺、保靖的土兵，到浙江一带抗倭寇。虽然这些俍兵勇猛顽强，但各自为政、军纪涣散。那地土司罗武杰于是想到利用竹子把几名士兵的脚夹在一起，进行军事训练，以正军纪。会战时，张今命士兵们几人一组，踩在竹板上，同时登上日本海盗的大船之上，日本海盗无法对付同时攻上来的俍兵。倚仗这一特殊战法，歼倭寇1600余人。

以上传说，基本上可以认定，板鞋运动萌发于明朝嘉靖年间的抗倭军营之中，且与当时的军事训练联系紧密，主要起到严明纪律、技击制敌等作用。在随后的军事实践中，板鞋运动逐渐与各种拳术结合，形成了通过脚穿板鞋进行徒手格斗的板鞋运动，那地人称之为板鞋拳。此时的板鞋拳，手上很少持器械进行练习，主要注重下盘的稳定性、上肢的技击性，以及通过板鞋拳的练习，培养良好的军事素养。板鞋拳在萌发之时，一开始所用器材并非就是现在所见的木板，可能是绳子（类似现在的二人三足游戏）、藤条或竹板，通过实践不断地改进，逐渐采用木板作为训练器材。

（二）板鞋武与板鞋舞——兴起与繁荣

广西红水河流域的社会乡土秩序，如土司文化、族群祭祀等，为壮族民间体育的发展提供了肥沃的土壤，同时，壮族民间体育的发展，又维持和丰富了红水河流域的乡土秩序。板鞋武与板鞋舞，正是在红水河流域这样特定的乡土秩序中兴起与繁荣的。

1. 保家与卫国的板鞋武

武术之于拳术，表现形式更为丰富，技击原理更为完善，其内容是把踢、打、摔、拿、跌、击、劈、刺等动作按照一定规律组成或徒手或器械的各种攻防格斗、套路和单势练习，以起到克敌制胜、强身健体等作用。随着保境安民的需要和实践经验的积累，那地人在徒手的板鞋拳基础之上，手持一些日常器械，结合实战、套路等进行练习，使得板鞋运动在表现形式上更加丰富，那地人称这种革新后的板鞋运动形式为板鞋武。板鞋武的兴起年代主要为明末、清、民国这一历史时期，研究其兴起轨迹，可以发现，与广西当时特殊的乡土秩序——土司（土官）制度有密切联系。

2. 从娱神到娱人的板鞋舞

生活在红水河流域的壮族崇尚众神，因其悠久的农耕历史，而产生了极为丰富的与农耕社会相适应的民间祭祀活动。其中，蚂拐节是红水河流域壮族独有的一个民间祭祀活动。板鞋舞正是依托红水河流域这一重要的节日——蚂拐节，而得以在那地繁荣和传承下来。

自明代罗武杰抗倭大捷后，到民国的这 400 余年间，板鞋逐渐与蚂拐神（一说壮族始祖"布洛陀"）相关联起来，当地人认为是蚂拐神（布洛陀）为侬兵带来了板鞋，并通过板鞋为他们带来了战无不胜的力量。因此，无论是为祭祀蚂拐神，还是为纪念布洛陀，都会在铜鼓伴奏之下，跳起板鞋舞来娱神和酬神，板鞋运动逐步从板鞋武的军事目的上，加入了更深的文化元素，板鞋舞在乡土秩序中得到了空前的发展。

改革开放后，民族地区文化形态发生了巨大变化，政府的控制与影响力逐渐从少数民族村寨中退出，民族地区自在民俗文化开始逐步回归。在经历了 40 多年的无产阶级无神论洗礼后，此时重现复兴之势的民间信仰，开始抛弃原来单纯意义上"封建祭祀"的娱神功能，人们在祭祀活动中逐渐增添自娱自乐的欢悦内容，先前属于人类自身的却又被扭曲为娱神的体育活动复归于人类自身的需要，民俗体育的祭祀、娱神功能不断弱化，宗教感情和宗教意识不断削减，娱人功能不断增强，民俗体育原有的粗犷古朴的气息被现代之风熏染。

（三）板鞋竞速——冲击与异化

1. "破四旧"的革新

板鞋舞繁荣于民间信仰盛行的封建半封建社会，其赖以生存的精神支柱是蚂拐神或布洛陀神，而自新中国成立后，国家权力系统第一次全面深入村落，无产阶级无神论开始实现对村落的全面控制，并明令取缔各种宗法制度，农村世代沿传的一些节令和民俗活动被视为封建糟粕予以禁止，中国世俗社会遭受了历史性的重创，宗法系统开始瓦解，民间信仰被当作"旧思想、旧文化、旧风俗、旧习惯"被破除，民间世俗生活濒临枯涸，民间信仰趋于单一，建设共产主义社会成为唯一的时代话题，单调的文化生活空间，必然难以培植出丰富多彩的文体活动，致使板鞋舞濒临消亡。

1956年6月，国家体委（现为国家体育总局）和青年团中央在北京首次召开了"全国农村体育工作会议"，会议认为，在农村应大力提倡有利于增进农民健康的民族形式体育。在继承、发扬革命根据地和解放区的体育传统，接收和改造旧体育的基础上，确定了新体育的建设方针和任务目标。那时的板鞋舞被认为是愚弄民众的封建残余产物，当作"四旧"而被破除了，但在新体育的指导思想下，板鞋运动本身所蕴含的齐心协力、同舟共济、团结奋进、拼搏进取的时代精神则被放大，具体表现形式为3人或是多人的板鞋竞速。在那地村，则可以看到原来的土司跑马场被改成了跑道，村民们脚蹬板鞋，齐呼"一、二、一"进行板鞋竞速，其景象热闹非凡，好不壮观。此后，"文革"10年，一切文化娱乐活动都有可能招致麻烦，但由于体育精神与当时的时代特征较为吻合，因此，体育活动并没有被弱化，反而成了村民们闲暇时进行自娱的重要内容，板鞋竞速得以继续开展。但由于缺乏文化内涵的支撑，这种群众体育活动虽然表面上看起来轰轰烈烈，实质上却具有一定的盲目性和狂热性,不久便自行消退。到了"文革"末期,那地几乎已经看不到门前挂板鞋了。

2. 全球化的冲击

民族传统体育的异化与衰落源于民间文化与民间生活传统形态背景的丧失。在某一自在体育生态系统中,如果因外界同质运动项目的介入,原来自在体育项目必然会受到介入的同质运动项目的冲击,其结果是,二者中的其一或者因衰落而"消亡",或者因适应而"变异"。民族传统体育作为一种文化形态的存在,蕴藏着深厚的文化背景和文化意义,它的传承得益于中华民族文化的沃土。

自20世纪80年代,特别是邓小平南方谈话以来,我国经济得到迅速发展,新媒体逐渐覆盖到乡村的各个角落。目前,我国处于急剧的社会转型期,这一转型是社会价值结构转型与体制转型的结合体,深刻地影响着社会各个层面。同时,中国重返奥运大家庭后,尤其是举办北京亚运会后,体育全球化在文化全球化和经济全球化的融合下滚滚而来,民族传统体育不得不与现代文化娱乐、现代竞技体育争夺生存空间,以西方价值观念为主导的体育全球化构成了对民族体育文化的强烈挤压,民族传统体育原生态体系遭到严重破坏,板鞋舞在经历了20世纪八九十年代的短暂繁荣之后,不得不因为适应体育全球化扩张而产生变异,其结果是逐步与现代竞技体育项目接轨,板鞋竞速开始占据板鞋运动主流。2007年,板鞋竞速成为全国少数民族传统体育运动会的正式比赛项目可以看成是板鞋运动的成功异化。

二、板鞋竞速的发展

通常板鞋上可以容纳一人或多人,甚至多达几十人,但是三人木枊练兵法广泛流行于民间,最后演变成"三人板鞋竞速"体育比赛项目。

后来为了规范这个项目的名称，将"三人板鞋竞速"改为"板鞋竞速"。

1986年，板鞋竞速项目被列入广西壮族自治区少数民族传统体育运动会竞赛项目，实现了由民间娱乐项目向体育竞技项目的转变。1991年，广西成功承办第四届全国少数民族传统体育运动会，在这次运动会上，板鞋竞速被融入民俗风情表演中，展现了三人抢粽粑、三人板鞋戏水、多人板鞋踩气球等独特的表演和对抗赛魅力，成为全国少数民族传统体育运动会的表演项目，受到了广大观众的喜爱。

2005年，国家民委、国家体育总局批准将"板鞋竞速"项目列为全国少数民族传统体育运动会的正式比赛项目。2006年8月，广西南宁市举办全国首届少数民族传统体育项目板鞋竞速邀请赛，给其他省市提供了观摩学习的机会，扩大了板鞋竞速项目在全国的影响，同时也是为了备战第八届全国少数民族传统体育运动会。由于该项目在广西有较为深厚的群众基础，且广西是本次比赛的东道主（允许4支代表队参加比赛），与其他来自全国各地的11支队伍参加了本次比赛，广西各代表队包揽了所有项目的金牌，见表1-1。

表1-1 全国首届少数民族传统体育项目板鞋竞速邀请赛成绩（单位：秒）

项 目	第一名	第二名	第三名	第四名	第五名	第六名	平均成绩
女子60米	广西百色 13.3	广州二队 13.9	广州一队 14.0	河北队 14.3	广西北海 25.7	贵州队 31.6	18.8
女子100米	广西北海 21.3	广西来宾 21.9	广西百色 21.9	河北队 23.5	广州二队 24.0	广州一队 24.4	22.8
男子60米	广西来宾 10.9	广西崇左 11.6	广西北海 12.0	广西百色 12.2	广州二队 12.3	贵州队 14.8	12.3
男子100米	广西来宾 18.4	广西百色 20.8	广州二队 21.0	广州一队 22.3	广西北海 26.2	广西崇左 28.4	22.9

注：比赛时间为2006年8月，手计时成绩。

在2007年第八届全国少数民族传统体育运动会上，板鞋竞速首次被列为比赛项目，此后在全国少数民族传统体育运动会上也一直是正式的比赛项目之一，这标志着板鞋竞速运动由地方特色项目发展成为全国性的体育运动，受到了人们的青睐。在本届运动会的 34 个代表团中，共有 23 个代表团的少数民族运动员参加了板鞋竞速项目的比赛，其中前六名成绩见表 1-2。

表 1-2 第八届全国少数民族传统体育运动会板鞋竞速决赛成绩（单位：秒）

项目	第一名	第二名	第三名	第四名	第五名	第六名	平均成绩
女子 60 米	重庆 11.98	辽宁 12.35	湖北 12.51	河北 12.69	广东 12.85	湖南 13.02	12.57
女子 100 米	重庆 19.77	辽宁 20.19	湖南 20.57	湖北 20.73	广西 21.18	河北 21.31	20.63
男子 60 米	湖北 10.30	广西 10.69	福建 10.88	广东 10.94	四川 11.52	江苏 11.61	10.99
男子 100 米	广东 17.46	广西 18.61	四川 18.77	福建 18.82	河北 19.28	天津 19.48	18.74

注：比赛时间为 2007 年 11 月，电计时成绩。

从第八届全国少数民族传统体育运动会成绩看，比之前的全国少数民族传统体育项目邀请赛及广西第十一届少数民族传统体育运动会的成绩有大幅度的提高，如男子 60 米第一名成绩变化为 10.9 秒、10.8 秒、10.30 秒；男子 100 米第一名成绩变化为 18.4 秒、17.9 秒、17.46 秒。女子成绩变化趋势与男子相同。从这届比赛还可以发现，过去一直由广西"垄断"的板鞋竞速被其他省市迅速赶超，特别是南方靠近广西的一些省市。

四年之后的 2011 年 9 月，在贵州省贵阳市举办了第九届全国少数民族传统体育运动会。板鞋竞速的成绩比上一届又有大幅度的提高。例如，男子 60 米从 10.30 秒提高到 10.07 秒，男子 100 米从 17.46 秒提高到 16.35 秒；女子 60 米从 11.98 秒提高到 11.35 秒，女子 100 米从 19.77 秒提高到 19.22 秒（见表 1-3）。四年间板鞋竞速成绩提高幅度之大是许多人未曾预料到的，而且几乎所有成绩的变化都是由重庆队改写的。

表 1-3　第九届全国少数民族传统体育运动会板鞋竞速决赛成绩（单位：秒）

项目	第一名	第二名	第三名	第四名	第五名	第六名	平均成绩
女子 60 米	重庆 11.35	贵州 1 11.93	广西 2 12.12	海南 2 12.25	海南 1 12.37	广西 1 12.43	12.08
女子 100 米	重庆 19.22	贵州 2 20.18	广西 2 20.52	海南 2 20.71	海南 1 20.95	北京 21.02	20.43
男子 60 米	重庆 1 10.07	贵州 2 10.14	重庆 2 10.28	贵州 1 10.47	天津 10.98	甘肃 11.01	10.49
男子 100 米	重庆 1 16.35	贵州 2 16.96	重庆 2 16.97	北京 17.55	甘肃 17.93	辽宁 18.24	17.33

注：比赛时间为 2011 年 9 月，电计时成绩。

从第九届至第十一届全国少数民族传统体育运动会上板鞋竞速项目的成绩可以看出（见表 1-3 至表 1-5），板鞋竞速运动项目飞速发展，这是一个良性的发展态势。广西队从全国首届少数民族传统体育项目板鞋竞速邀请赛上的包揽所有金牌到这三届全国少数民族传统体育运动会上的无缘金牌，重庆、湖南、贵州、广东等省市的板鞋竞速水平后来居上，符合竞技项目的发展规律，同时这也是一个民族传统体育项目推广和普及的必然结果。但不可否认的是，广西在板鞋竞速的推广和发展进程中贡献突出。

表 1-4　第十届全国少数民族传统体育运动会板鞋竞速决赛成绩（单位：秒）

项目	第一名	第二名	第三名	第四名	第五名	第六名	平均成绩
女子 60 米	湖南 11.23	重庆 11.54	湖南 11.58	重庆 11.71	贵州 11.92	湖北 12.00	11.66

续表

项目	第一名	第二名	第三名	第四名	第五名	第六名	平均成绩
女子 100 米	湖南 18.19	重庆 19.14	湖南 19.21	重庆 19.33	内蒙古 19.42	贵州 19.77	19.18
女子 2×100 米	重庆 37.68	内蒙古 38.34	贵州 39.06	广东 39.33	广西 41.07	宁夏 41.10	39.43
男子 60 米	广东 09.78	重庆 09.88	重庆 10.13	北京 10.26	湖北 10.38	湖南 10.58	10.17
男子 100 米	重庆 15.92	重庆 16.31	内蒙古 16.52	北京 16.61	湖南 16.68	湖北 16.89	16.49
男子 2×100 米	重庆 32.07	湖南 33.23	湖北 33.38	云南 34.31	广东 34.60	广西 35.45	33.84
混合 4×100 米	湖南 1：09.73	内蒙古 1：12.04	贵州 1：12.44	湖北 1：12.83	北京 1：13.96	云南 1：15.81	1：12.80

注：比赛时间为 2015 年 8 月，电计时成绩。

表 1-5　第十一届全国少数民族传统体育运动会板鞋竞速决赛成绩（单位：秒）

项目	第一名	第二名	第三名	第四名	第五名	第六名	平均成绩
女子 60 米	贵州 1 10.35	湖南 2 10.68	海南 2 10.83	重庆 2 10.98	海南 1 11.18	贵州 2 11.22	10.87
女子 100 米	贵州 1 17.61	重庆 2 17.98	湖南 2 18.29	海南 2 18.66	贵州 2 18.86	重庆 1 19.00	18.40
女子 2×100 米	贵州 35.50	重庆 35.81	海南 36.69	云南 37.29	广西 37.70	广东 39.86	37.14
男子 60 米	广东 1 09.80	海南 2 09.85	云南 1 10.11	贵州 1 10.15	湖北 1 10.23	河南 2 10.31	10.08
男子 100 米	重庆 2 15.51	贵州 2 15.60	广东 1 15.90	海南 1 15.96	广西 2 16.17	湖南 2 16.41	15.93
男子 2×100 米	湖南 31.70	广西 33.14	重庆 33.21	辽宁 34.58	湖北 38.28	河南 39.56	35.08
混合 4×100 米	贵州 1：17.99	湖南 1：22.59	河南 1：32.97	陕西 1：41.47	广东 1：41.80	海南 1：48.90	1：34.29

注：比赛时间为 2019 年 9 月，电计时成绩。

除了成绩明显提高外，比赛项目也根据发展的需要做了较大调整。

2007 年，第八届全国少数民族传统体育运动会板鞋竞速比赛分设男子、女子 60 米，男子、女子 100 米单项及男、女 2×100 米混合接力五个项目。2011 年，第九届全国少数民族传统体育运动会比赛项目，除设男、女 60 米、100 米 4 个单项比赛，还增设了男、女 2×100 米接力两个项目，将原来的 2×100 米混合接力改为 4×100 米混合接力（男、女各两队），共计 7 个项目。

第二节　板鞋竞速的特点与价值

　　民间的板鞋竞速呈现出丰富多样的特点，如运动形式有：板鞋抢粽粑、板鞋秧歌舞、板鞋戏水、板鞋采香包（壮族的一种吉祥物）、板鞋抛绣球、板鞋扇舞、板鞋拳术、板鞋踩气球等；表演的形式有：板鞋集体舞、板鞋秧歌舞、板鞋拳术等；表演方法是：三人或多人组合，脚穿板鞋，徒手攀肩或扶腰，手持鲜花、绸带、花扇或各种装饰物，编排成不同的队形，踏着欢快、协调的步伐，在壮族民族音乐的伴奏下表演。

　　板鞋竞速比赛形式有三人板鞋竞速、板鞋竞技抢粽粑（民间）、板鞋竞技戏水、板鞋竞技抢水球、板鞋竞技抛绣球（或各种球）和板鞋竞速踩气球等。表演方法是：2~3 人或多人穿板鞋，分别组成趣味性的具有对抗性的比赛形式，哪个队速度快或哪个队获得的物品多为胜者。

　　板鞋竞速练习的内容丰富，形式多样，而且受场地、气候的影响较小，可因人、因地、因时而异，简单易学，新鲜有趣，有着广泛的适应性和实效性。它可以激发学生的学习兴趣和广大体育爱好者的学习积极性，使之在愉快的环境中锻炼身体，增进友谊，因此，板鞋竞速运动也具有娱乐性、竞技性和健身性。

一、板鞋竞速运动的特点

(一) 团队协作与默契配合

板鞋竞速是一项充满挑战的竞技运动，要求参赛者（通常为三人一组）在行进过程中保持步调的高度一致，这是取得好成绩的关键。只有步调一致，才能在比赛中保持稳定的速度，避免出现失误和摔倒的情况。板鞋竞速运动的独特之处在于，所有队员的脚都套在同一双板鞋上，因此每个队员都需要付出同等的努力，共同推动板鞋前进。这种团队协作的精神是板鞋竞速运动的核心，也是参赛者们在比赛中取得好成绩的关键。只有齐心协力，才能在比赛中发挥出最佳水平，取得优异的成绩。板鞋竞速运动体现了壮族人民同心协力、同舟共济，团结奋进、拼搏向上的精神，对培养参与者良好的品德修养具有重要作用。

(二) 竞技性与挑战性

板鞋竞速运动作为一项技巧性强、趣味性强的运动，无论是参与者还是观赏者都会在挑战中感受到乐趣。参与者会在比赛中不断挑战自我，提高自己的技能水平，而观赏者则会被运动员们的激情和努力所感染，感受到运动的魅力。板鞋竞速运动不仅能够锻炼参与者的身体素质，还能够提高他们的心理素质和团队合作能力。在比赛中，运动员们需要相互配合，共同完成比赛任务，这对于参与者的团队合作能力和沟通能力都是一种锻炼。同时，板鞋竞速运动也能够提高参与者的心理素质，让他们在比赛中保持冷静和自信，不断挑战自我，提高自己的技能水平。板鞋竞速运动与现代田径中的短跑相似，都是一项需要速度和力量的运动。但是，板鞋竞速运动的运动强度和难度要高于短跑，因为板鞋竞速运动需要参与者在比赛中不断变换姿势和速度，这对于参与者的身体素质和技能水平都是一种考验。

（三）文化性与娱乐性

板鞋竞速运动的主要特色是人们通过集体的力量，释放出自己的热情，享受运动带来的乐趣。通过这种形式的运动，人们可以从紧张繁忙的生活中抽离出来，享受运动带来的快乐，同时也可以增强身体素质，提高生活质量。随着人们物质生活和精神生活的不断提高，板鞋竞速运动已经成为壮族人民文化生活中喜闻乐见的自娱运动。板鞋竞速运动通过"力度""速度"和"幅度"体现出来的艺术升华和感情，使参与者在运动中得到自娱自乐和自我满足感。值得一提的是，板鞋舞的动作健康、粗犷，是从生活中、劳动中创作和提炼而成的舞蹈，是具有喜庆、开朗、风趣、力度、富于韵味的舞蹈。板鞋舞以它独特的舞韵，引人发笑的情节备受广大观众的喜爱，具有强体健心的作用。

二、板鞋竞速运动的价值

（一）提高身体素质，增进身体健康

板鞋竞速是一项集速度、力量、耐力、柔韧、协调、灵敏素质于一体的运动项目。练习者在跑动中由于双脚套上木板鞋，增加了负重量，在向前跨步和后蹬时，需要较大的下肢力量、腰腹部力量、双臂摆动及上体协调配合时的全身力量。完成整个动作能提高人体的爆发性力量、持续性力量和控制性力量等。为了跑得更快，并且能自如地控制板鞋，还需要很强的灵活性、协调性等素质。此外，练习者在高速跑动中，肌肉活动达到很大的强度，整个机体处于紧张的状态中，尤其是大脑皮质的兴奋和抑制过程要迅速频繁地转换交替，对神经系统的灵活性要求很高。所以，经常从事板鞋竞技练习，能有效地改善和提高心脑血管及呼吸系统的功能。

（二）培养意志品质，树立协作精神

高强度的板鞋竞速要求参赛者拥有均衡的体能、精湛的技艺以及全面的综合素质。唯有步调一致，方能提高速度。在训练过程中，步伐不稳定的情况时有发生，尤以新手阶段最为显著。若跑步时板鞋意外滑落，可能会发生摔跤、擦伤乃至扭伤等情况，故需参赛者具备足够的勇气和应变能力。另外，在团队合作中，成员间的理解、接纳、支持与配合至关重要。因此，板鞋竞速也被誉为"齐心协力"的运动，强调团结就是力量。当选手成功战胜这些挑战，成绩逐步攀升，动作越发流畅时，便能感受到板鞋竞速的独特魅力。

（三）增添生活乐趣，丰富娱乐生活

自诞生之日起，板鞋运动便深入人民日常生活，并逐渐演变成为休闲娱乐的重要方式。在我国南方如广西、广东、云南等地，尤其是少数民族聚居区，板鞋运动已成为节假日的热门选择。近年来，这一运动更是向北方广大地区扩展，吸引了各族人民、男女老少的广泛参与。部分城市的职工运动会甚至设立了"齐心协力"的比赛项目。同时，民间自发组织的板鞋运动活动也日益活跃。

第三节　板鞋竞速的推广与普及

板鞋竞速从 2007 年成为全国少数民族传统体育运动会的正式比赛项

目以来，迅速在全国各地开展起来，一些省市专门成立了板鞋竞速项目的训练基地，许多普通院校开设了板鞋竞速的选修课，在一些普及早有条件的中小学已经把板鞋竞速纳入体育课堂中，深受学生们的喜爱。此外，各省市举行的少数民族传统体育运动会也吸引了众多的民众参与其中。这些活动为板鞋竞速的深入发展起到了积极的推动作用，但要在全国范围内更广泛地普及板鞋竞速，还要做许多深入细致的工作。

一、建立比较完善的训练和竞赛体系，使板鞋竞速成为竞技化项目

世界体育发展的历史表明，任何一种民族体育要想长久不衰地延续下去，必须形成独立的训练和竞赛体系，走竞技化之路。现代奥林匹克运动各运动项目的发展就是很好的例证。起初那些竞技运动项目只是萌芽于少数地区，参与者也仅限于少数人群，随着文化的传播，鲜为人知的运动就逐渐吸引更多地区、更多的人参与。这主要在于它们带有明显的竞技化趋向以及具备独立、完善的训练和竞赛体系。板鞋运动的发展也应遵循这一规律。

目前，以竞技和表演为主的板鞋运动，主要分布在各地区的民族传统体育项目训练基地或高等院校训练基地，但为数太少，受诸多因素的制约，板鞋运动尚未形成独立、完善的训练和竞赛体系，专业化水平不高，训练不科学，等等，严重阻碍了板鞋运动的发展。因此，板鞋运动必须在专业训练上下功夫，打破以往单一的训练体制，建立更加灵活、更加全面的训练体制。作为国家和地区的体育行政管理部门，应充分利用竞赛的杠杆作用，改变目前仅有全国少数民族传统体育运动会进行民族传统体育竞赛的局面，将板鞋运动纳入国家大型综合性运动会中，各地区应根据本地区的特点和优势，并依托地区高等院校资源优势，建立起完善、规范的板鞋训练体制，不断提高板鞋运动技术水平，为板鞋运动走向国际体育舞台打下基础。

二、板鞋运动社会化，融入全民健身娱乐服务体系

1995 年，国务院颁布的《全民健身计划纲要》中指出要积极发展民族传统体育，挖掘和整理民族传统体育宝贵遗产，把民族传统体育作为贯彻全民健身计划的重要形式，从政策上肯定了少数民族传统体育在全民健身中的作用，也为少数民族体育的发展指明了方向。

板鞋运动是我国少数民族人民共同创造的体育文化财富，它集少数民族的历史、风俗、宗教，艺术等文化于一体，具有较高的健身、娱乐和观赏价值，不但可以满足少数民族人民锻炼身体的需要，同时可以成为全国各族人民健身娱乐的重要方式。随着社会生产力的发展，人们拥有的物质财富和余暇时间逐渐增多，休闲自然成了人们日常生活中必不可少的内容，体育运动也成为人们休闲活动的主要形式之一，特别是在全民健身热潮的推动下，体育运动受到越来越多人的青睐，不同年龄、不同性别、不同阶层的人们纷纷参与到体育健身这一活动中来。

板鞋运动可以作为一种休闲的游戏来满足人们消遣、健身、放松、愉悦的需要。其不但要在本民族中开展，同时还要被全国各族人民采用，并进入城市社区的健身活动中，逐渐成为广为人知的全民健身运动项目。这就需要国家体育有关部门在征集全民健身的少数民族传统体育运动项目时，将板鞋运动列入其中，并对它加大宣传力度，使它真正进入大众的健身娱乐活动中。

三、板鞋运动教材化，纳入学校体育课程体系

板鞋运动具有表演性、娱乐性、趣味性等特征，必然深受广大学

生的喜爱。目前，我国的一些少数民族大学（如中央民族大学、西南大学体育学院、广西民族大学）都已将板鞋运动作为学校体育教学的一项内容，并将这一体育活动列入学校体育训练和竞赛体系中，丰富了学生的课内、课外校园文化生活。许多中小学，特别是民族地区的中小学，板鞋运动的开展更是如火如荼，成为学生日常生活中必不可少的活动内容。尤其是在"阳光体育运动"的普照下，板鞋运动的开展更加活跃。由此可以看出，板鞋运动进入学校是其自身发展的需要，也是学校体育改革和发展的必然。

我国传统的学校体育教学内容主要以"西方式竞技体育"为主，缺少本民族特色和风格，还满足不了学生不同程度的需求。相反，板鞋运动内容丰富，活动方式多样又富有情趣，同时还蕴涵深厚的民族文化内涵，如果在学校体育教学中开展这项运动，不仅有利于形成独具学校特色的体育课程，还能激发学生对体育的兴趣，满足学生体育健身的需求，而且在一定程度上也利于教学质量的提高。此外，板鞋运动纳入学校体育教育，还可以使它向着更加规范化、科学化、大众化的方向发展。

由于板鞋运动的不同地理分布状况，使它的开展仅局限于少数民族和少数地区的学校中，尽管板鞋运动已在这些民族和地区得到了不同程度的发展，也取得了良好的效果，但也仅仅是局部的发展，板鞋运动要想取得长足的进步，必须打破这种民族、地区的界限，走进全国的学校体育教育。新中国成立后，一些锻炼价值很高的民族体育项目被列入全国和地方的学校体育教材，如武术、八段锦、五禽戏等被列入《九年义务教育体育教学大纲》。这说明国家对民族传统体育比较重视，而板鞋运动作为一项独具民族特色的体育运动，它的许多特点和功能更加符合学校体育教育的要求，所以应积极地争取政府有关部门的支持，制定相应的学校体育政策，把板鞋运动纳入学校体育课程体系中。

第二章

板鞋竞速技术

板鞋竞速是由多名运动员前后站立，一起将足套在同一双板鞋上，在田径场上进行的比赛项目，以在同等的距离内所用的时间多少决定名次。目前在全国少数民族传统体育运动会上列为正式的比赛项目为三人板鞋竞速。

板鞋竞速的比赛本质上还是比速度，因此其完整的技术和短跑一样，依顺序可分为起跑、起跑后的加速跑、途中跑、终点跑四个部分。板鞋竞速成绩是由起跑的反应速度、起跑后加速跑能力、保持最高跑速的时间和距离，以及各部分的技术完成质量决定的。

近几年板鞋竞速随着项目的不断发展、成绩的日渐提高，对其研究也有所深入，但总体看还是比较薄弱的。从研究范围看，主要包括板鞋竞速的现状与发展研究、板鞋竞速规则及损伤研究、板鞋竞速教学与训练研究等，而对板鞋竞速技术分析还处于感性认识和模仿短跑技术分析的阶段。主要原因是：第一，板鞋竞速的竞技化还处于早期发展阶段，未能引起足够的重视；第二，不同的运动队板鞋竞速技术的差异性较大。以 2007 年第八届全国少数民族传统体育运动会为例，获得前几名的运动队技术动作有很大的不同，如广东队重心低平，腾空时间短，步幅适中、频率快，板鞋与地面摩擦大；而有的队却保持高重心，跑起来更像后蹬跑或跨步跳；还有些队的动作直观看非跑非跳，而是处于跑跳融合的技术阶段。到 2011 年的第九届全国少数民族传统体育运动会时，重庆队在技术上有了很大的提升，比赛成绩优异，拿下 4 个单项比赛的第一名。他们最显著的技术特点就是频率非常快。

不同的技术取得的成绩不同，若单从运动生物力学角度做技术分析，哪一种技术更加合理还是比较困难的。此外，板鞋竞速虽然与短跑均属周期性运动，但三个人前后站立，穿一副板鞋，每个人的技术动作肯定有所不同，加之运动员间的形体和身体素质各异，这要比分析一个人的短跑运动技术复杂得多。尽管如此，仍然可以运用相关学科理论来发现和分析板鞋竞速的主要技术特征。

第一节　板鞋竞速运动员位置安排

板鞋竞速是由三名运动员一起将足套在同一双板鞋上，在田径场进行的比赛，以在同等距离内所用时间多少决定名次。由于比赛是三人共穿一副板鞋，运动员前后安排的顺序就很有讲究。比赛中要想跑得快，不出现失误，三人的高度协调极为关键，而要保持密切配合，三人的身体形态、机能、素质需趋于一致，并要有良好的心理素质和团结协作的精神。

在跑动中看似高度协调的动作下，每一名运动员完成各自动作的时机和技术却是有差异的。作为一项整体技术，要比单人的短跑技术复杂得多。可以说三个人共同完成一个动作，但每个人的分工又有所不同。第一名运动员有引领的作用，他控制着板鞋移动的方向、速度、幅度等，在很大程度上决定三人的跑速。第二名运动员跟随第一名运动员的蹬摆动作，同步完成动作。最后一名运动员起着向前推动的作用，在跑动中完成动作的难度最大，因此在安排运动员的位置时，可把身体素质较好的安排在最后。以身体形态安排运动员的站位时，目前大多数队伍将最高的一名运动员排在前面。运动员的跑速不是第一名运动员起着"火车头"的作用，而是像动车组一样，每个运动员都要开足马力。

开始板鞋训练时，依据运动员的自身条件和特点，首先考虑的就是运动员的站位。在确定站位之后的训练中，往往会发现最初的安排站位未能满足实际需求，因此，调整位置时有发生，这也是改进技术常见的做法。调整站位的目的是充分发挥每一名运动员的特长，使三人板鞋速度达到最大化。

第二节　板鞋竞速直道跑技术

一、起跑技术

板鞋竞速的起跑任务是获得向前的冲力，使身体迅速摆脱静止状态，为起跑后的加速跑创造有利条件。板鞋竞速起跑过程包括"各就位"和鸣枪两个阶段。当听到助理发令员发出"上道"口令后，三名运动员穿好板鞋站在起跑线后（如图2-1、图2-2）。当听到发令员发出"各就位"口令后，运动员躯干前倾、两腿弯曲、重心微前移，眼睛平视前方；板鞋左右分开约15厘米，且两只板鞋平行朝向跑进方向。做好"各就位"姿势，保持动作稳定后，应集中注意力听枪声（如图2-3）。

图 2-1　"上道"姿势（脚部）

图 2-2　"上道"姿势（全身）

　　在"各就位"时，不同的运动员的上肢动作和站立姿势可能有所不同。从上肢看，一种是后两名运动员的双手依次搭在前面运动员的肩上（如图 2-4），依此姿势控制三人动作的稳定性；另一种是后两名运动员双手依次扶住前面运动员的腰部。目前大部分运动员采用第二种姿势，因为这种方法可以使运动员更好地控制身体的平衡。从站立姿势看又有两种，一种是两只脚平行站立；另一种是两脚前后站立。两种方法各有利弊，目前大多数运动员采用两脚平行站立的姿势。

图2-3 "各就位"姿势

图2-4 依次搭肩

　　平行站立姿势的起动特点是摆动腿向后下方用力较小，以便迅速转换为向前的摆动；另一条腿蹬地短促。优点在于比赛中三名队员能够低、小、平、快地跨出第一步，为迅速迈出第二步和加速打下良好的基础。其缺点主要体现在起跑变换重心时，队员之间整体重心下降、前移控制难度加大，易导致起动不同步而影响成绩，甚至出现大的起跑失误。

　　前后站立姿势类似短跑的蹲锯式起跑，三名运动员躯干前倾较大，后面板鞋前端距起跑线控制在10~20厘米（如图2-5、图2-6）。运动员的重心主要落在前腿,后脚脚跟微抬(如图2-7)。其起动特点是两腿均能用较大力量向后蹬地,后腿前摆的幅度较大。此起跑方式的优点是动作的连贯性好,重心能平稳地过渡,起跑动作不易失误。其缺点是如果下肢用力过大或过于向后,可能会造成板鞋与地面打滑,致使起跑不流畅,甚至失误。

图2-5 前后站立姿势放松状态(脚部)

图2-6 前后站立姿势放松状态(全身)

图 2-7　前后站立姿势准备状态

当听到枪声后，运动员两腿几乎同时蹬伸，其中一侧的腿（或后面的腿）快速蹬离地面，然后迅速以平稳、小步幅的动作向前摆动。向前摆动时，板鞋不能抬得过高，这样有利于摆动腿迅速着地，过渡到下一步（如图 2-8 至图 2-11）。

图 2-8　起跑技术（蹬地）

图 2-9　起跑技术（蹬离地面）

图 2-10　起跑技术（前摆）

图 2-11　起跑技术（过渡下一步）

二、加速跑技术

起跑后的加速跑是指向前迈出的板鞋着地到进入途中跑的这一段距离，其任务是在较短时间内尽快发挥最大速度，迅速转入途中跑。

合理的加速跑应该是渐进的过程，应具有以下几个特点：一是身体重心平稳地抬起，二是步长均匀地加大，三是步频逐渐加快，四是运动员摆臂的幅度大而有力。

板鞋竞速虽然与短跑均属周期性项目，但起跑的姿势、使用的"鞋"有很大差异，加速过程与短跑也有很大不同。明显的变化是，板鞋竞速运动员站立式起跑重心高，后蹬动作短促，加速段的距离较短，即更早地接近和达到最大速度。这些特点与板鞋竞速能达到的最高的跑速比短跑低，板鞋不能像跑鞋鞋钉那样抓住地面有很大关系。因此，技术动作较短跑更早地转换为途中跑姿势。当跑速接近最快、步长接近最大、身体前倾角度与途中跑相同时，此时就过渡到途中跑（如图2-12至图2-20）。

图2-12 途中跑技术1

图 2-13　途中跑技术 2

图 2-14　途中跑技术 3

图 2-15　途中跑技术 4

图 2-16　途中跑技术 5

图 2-17　途中跑技术 6

图 2-18　途中跑技术 7

图 2-19   途中跑技术 8

图 2-20   途中跑技术 9

由于运动员受到板鞋长度及板鞋护足面皮间距的限制，在跑动过程中三人均无法全力做到最大的后蹬、折叠和前摆动作。其频率和步幅都明显小于短跑，因此三人选择适宜的步频和步长使加速效果最大化显得尤其重要。在此基础上能否最大限度地发挥自己的加速度，将直接影响甚至决定比赛的最终成绩。这是板鞋竞速非常关键的一环。

加速过程中，三人之间合作与分工、协调与配合的能力也将得到最大程度的展现。在起动后，最前面的队员必须全力全速发挥"火车头"

的作用，拉动队友向前加速；最后面的队员起着向前推动、前送，并控制板鞋在空中摆动的作用；中间的队员则起着控制、稳定整体重心和协调前后作用力及方向的作用。三人齐心协力，通过发出有韵律的口号，促使板鞋在最短的时间内达到最大的加速。通常情况下，对于技术较好的队员，在起动的第二步即开始进入加速过程，以便更好地发挥成绩。

对于高水平运动员而言，从起动过渡到途中跑的过程一般为 15 步左右。起跑从准备到完成起动的过程中，需要注重的细节较多，应主要注意：

（1）各就位后，身体重心应逐步过渡到支撑腿一侧，并前移至起跑线前。

（2）在起动后的第一步，后面队员前送的力量切不可用力过猛，否则易导致前面的队友脚部脱离板鞋护足面皮，出现掉鞋的情况。

（3）板鞋起动迈出的第一步不可过高过大，否则紧跟的第二步加速过程将很难衔接上，影响到整体的加速过程。

（4）起跑时尽可能使板鞋面前端略高于水平面，避免板鞋面在跑动过程中出现前低后高的危险情况。

（5）在跑动的过程中，应注意脚尖要始终略微向上，勾住护足面皮以防脱落。

（6）对于初学者或技术不太完善的情况下，可采用"搭肩式"练习。

三、途中跑技术

途中跑是板鞋竞速全程跑中距离最长、速度最快的一段，其任务是发挥并保持高速度跑。途中跑是一个不断重复的周期性动作，途中跑技术包括两腿动作、摆臂动作、头和身体姿势。因为板鞋竞速是三人同穿一对板鞋共同完成动作，所以要求三人的动作协调一致。如果有一人动作不一致，就会立刻失去平衡，导致脱鞋或摔倒，所以，要注意腿部动作和摆臂动作的协调配合。

以100米比赛为例，途中跑所占距离要比短跑（70米左右）还要长，原因是板鞋竞速绝对速度比短跑慢。绝对速度慢，加速跑的距离就相应缩短。因此，板鞋途中跑的技术对比赛成绩的影响显得更为重要。这里对2011年第九届全国少数民族传统体育运动会100米比赛成绩较好，并有代表性的几个队途中跑技术做详细的分析。

选择这几个队的主要原因是在这届比赛中他们不仅取得了很好的成绩，并且明显好于上一届的成绩。需要指出的是，每一队技术都有各自的特点，且有较大的差异。表2-1是男子板鞋60米、100米，重庆、贵州、北京三个代表队的比赛成绩，以及步长、步频参数。

从表2-1中可以发现重庆队成绩最好，60米为10.09秒、100米为16.36秒，明显好于贵州队（10.32秒、16.96秒）和北京队（10.75秒、17.56秒）的成绩。以100米为例，跑完同样的距离，重庆队使用步数最多（61步），贵州队居中（59步），北京队最少（56步）；从每秒步数看，重庆队频率最快（3.73步/秒），贵州队居中（3.48步/秒），北京队最慢（3.19步/秒）。因此可以得出频率越快，速度越快。

表2-1　第九届全国少数民族传统体育运动会男子板鞋竞速比赛成绩参数

60米	成绩	步数	平均步数	平均步长	100米	成绩	步数	平均步数	平均步长
重庆	10.09	36	3.57步/秒	1.67米	重庆	16.36	61	3.73步/秒	1.64米
贵州	10.32	36.5	3.54步/秒	1.64米	贵州	16.96	59	3.48步/秒	1.70米
北京	10.75	34	3.16步/秒	1.77米	北京	17.56	56	3.19步/秒	1.79米

跑的技术原理表明，运动成绩由步长和步频共同决定，二者同时

加快，成绩一定会提高；二者之一恒定，加快步频或步长，成绩也一定会提高。但是，如果顾此失彼，成绩可能不增反降。因此，选择适宜的步频、步长，合理匹配才可使成绩提高最大化。

　　选择什么样的步频、步长匹配与运动员身体形态、身体素质、技术和训练时间长短密切相关。而这种匹配在训练中随着成绩的提高、技术的改进也会不断调整，最终形成自己独特的技术风格。上述三支运动队的技术就有较明显的区别，只描述和简单分析其技术特点，还不能草率得出哪种技术更好的结论，因此，练习者可以根据自己的实际情况，在训练中不断摸索。下面将分别分析三支运动队途中跑的技术特点。

　　重庆队的显著特点就是小步子、步频快，图 2-21 至图 2-24 和图 2-25 至图 2-29 分别是男队和女队比赛时的途中跑技术动作。可以看出，小步子、快频率技术使重心起伏小，三名运动员身体前倾角度适中。

图 2-21　重庆男队途中跑技术 1

图 2-22　重庆男队途中跑技术 2

图 2-23　重庆男队途中跑技术 3

图 2-24　重庆男队途中跑技术 4

图 2-25 重庆女队途中跑技术 1

图 2-26 重庆女队途中跑技术 2

图 2-27 重庆女队途中跑技术 3

图 2-28　重庆女队途中跑技术 4

图 2-29　重庆女队途中跑技术 5

　　贵州队的技术特点是步频较快、步长适中，图 2-30 至图 2-33 和图 2-34至图 2-37 分别是贵州一队和贵州二队比赛时的途中跑技术动作。可以看出，贵州队的显著特点是，三人跑步时躯干始终保持很大的前倾角度，后蹬结束时大小腿完全伸直。

图 2-30　贵州男子一队途中跑技术 1

图 2-31　贵州男子一队途中跑技术 2

图 2-32　贵州男子一队途中跑技术 3

图 2-33　贵州男子一队途中跑技术 4

图 2-34　贵州男子二队途中跑技术 1

图 2-35　贵州男子二队途中跑技术 2

图 2-36　贵州男子二队途中跑技术 3

图 2-37　贵州男子二队途中跑技术 4

北京队的技术特点是步幅开阔，但步频较慢，图 2-38 至图 2-43 是北京队比赛时的途中跑技术动作。可以看出，北京队的显著特点是三人的动作更接近于短跑途中跑技术动作。

图2-38　北京男队途中跑技术1

图2-39　北京男队途中跑技术2

图2-40　北京男队途中跑技术3

图 2-41 北京男队途中跑技术 4

图 2-42 北京男队途中跑技术 5

图 2-43 北京男队途中跑技术 6

综上，三支运动队途中跑技术特点可总结为表2-2。

表 2-2　三支运动队途中跑技术特点

技术指标	重庆队	贵州队	北京队
平均步长	最短，平均1.64米/步	中等，平均1.70米/步	最大，平均1.79米/步
平均步频	最快，平均3.73步/秒	中等，平均3.48步/秒	最慢，平均3.19步/秒
重心变化	重心平稳，起伏较小	重心平稳，起伏较小	始终保持较高重心
躯干前倾	在途中跑时躯干始终保持一定的前倾，后蹬结束后，躯干前倾角度较小，为8°~10°，三人躯干贴得较近。	在途中跑时躯干始终保持较大的前倾，后蹬结束瞬间，躯干前倾明显，前倾角为20°~25°，三人躯干靠得较近。	在途中跑时躯干始终保持一定的前倾，相比重庆队和贵州队，北京队前倾角度最小，小于8°，三人躯干距离微远。
摆臂动作	摆臂幅度较大，屈臂后摆结束时，肘关节达到肩的高度。摆臂的总体动作与短跑途中跑摆臂动作非常接近。	摆臂幅度很大，屈臂后摆结束时，肘关节超过肩的高度。这种摆臂动作与运动员躯干前倾度有很大关系。	摆臂幅度较大，屈臂后摆结束时，肘关节达到肩的高度。摆臂的总体动作与短跑途中跑摆臂动作非常接近。
大腿后蹬及折叠摆动	大腿未完全蹬伸便屈腿折叠前摆。	大腿充分后蹬，后蹬结束瞬间，身体几乎呈一条直线。	大腿后蹬较充分，后蹬结束瞬间大小腿微弯曲。
身体腾空	身体腾空后，后蹬腿微弯曲向前摆动。身体腾空时间较短，当重心在最高点时，两腿之间夹角较小，为70°~80°。	身体腾空后，后蹬腿几乎是完全伸直向前摆。身体腾空时间较长，当重心在最高点时，两腿之间夹角较小，为70°~80°。	身体腾空后，后蹬腿微弯曲向前摆动。身体腾空时间较长，当重心在最高点时，两腿之间夹角很大，为110°~120°。
支撑缓冲期	板鞋前端先着地，着地瞬间，三人摆动腿大小腿弯曲较大，第一名运动员大小腿折叠到约145°，便迅速前摆，最后一人微折叠便迅速前摆。	板鞋前端先着地，着地瞬间，三人摆动腿仍然保持伸直，随着支撑腿的缓冲，摆动腿逐渐屈腿前摆。	板鞋后端先着地，着地瞬间，三人摆动腿微弯曲，随着支撑腿的缓冲，摆动腿逐渐屈腿前摆。
大腿前摆高度	第一名运动员大腿前摆到与水平夹角约30°，后面的运动员角度逐渐缩小。	第一名运动员大腿前摆高度较低，与水平夹角约45°，最后一名运动员大腿抬起的幅度更小。	第一名运动员大腿前摆很高，与水平夹角约15°，后面的运动员角度逐渐缩小。

技术指标	重庆队	贵州队	北京队
大腿下压与着地	大腿下压积极，屈腿着地，重心距支点较近，着地瞬间躯干微前倾	大腿前摆较低，板鞋离开地面不高便迅速前伸着地，着地瞬间躯干前倾很大，身体重心移过支撑点稍慢。	大腿下压积极，着地后身体重心通过支撑点变为后蹬稍慢。
板鞋运行轨迹	大腿前摆时，板鞋几乎呈水平状，后蹬结束离开地面后，板鞋前低后高，后端距地面约20厘米。	大腿前摆时，板鞋与地面呈水平状，但离开地面的高度很小，不超过10厘米，后蹬结束离开地面后，板鞋后端距地面很高，超过30厘米。	大腿前摆时，板鞋前端高后端低，前端最高时超过20厘米，后蹬结束离开地面后，板鞋前低后高，后端距地面约20厘米。

尽管三支运动队途中跑技术有很多明显的不同，但也有共同特点，主要表现在：

（1）下肢前摆时，运动员微勾脚尖，尽量防止板鞋脱落。

（2）当下肢从后面前摆至身体重心上方时，板鞋与地面都有瞬间的接触，紧接着继续快速前摆，板鞋与地面轻微接触和三名运动员大小腿无法共同充分折叠有关。

（3）运动员下肢前摆时，最前面的运动员大腿摆动得最高。

（4）三名运动员着地缓冲动作均采用全脚掌着地再过渡到脚尖。

总之，运动员的速度主要取决于三名队员跑动过程中技术掌握的熟练程度和默契程度，以及良好的耐力、协调和稳定性等，这些需要长期的配合才能逐渐形成。

四、终点跑技术

终点跑又称为终点撞线技术，它是全程的最后一段，终点跑技术和途中跑技术基本相同。终点跑应力求在疲劳情况下保持途中跑的正确技术，动员全部力量以最快的速度跑过终点。这时最前面的队员上体可以适当前倾，注意加强后蹬和两臂的用力摆动，后面两位队员仍然保持原有的技术动作。到离终点最后一步时最前面队员上体迅速前倾，用胸部和肩部撞线，在板鞋后端跑过终点后再逐渐减速，注意不要突然停止，以免因突然减速而意外受伤（如图 2-44 至图 2-46）。

图 2-44　终点跑技术 1

图 2-45　终点跑技术 2

图 2-46　终点跑技术 3

从最近几届比赛看，大多数板鞋队比赛失误的原因是在最后 20 米由于疲劳致使技术动作不稳，造成板鞋脱落，可见解决后半程的专项速度耐力问题是保证动作稳定性的关键。

第三节 板鞋竞速接力跑技术

一、接力跑技术

板鞋竞速接力跑技术包括运动员的跑速和传接棒技术。接力跑成绩取决于各棒次运动员的跑速和传接棒技术，以及传棒运动员与接棒运动员传接棒的时机。

目前板鞋竞速接力跑比赛设有三个项目，包括男子 2×100 米接力、女子 2×100 米接力和男女 4×100 米混合接力比赛。混合接力比赛目前的规则要求是女子跑第一棒和第三棒。板鞋竞速接力比赛与短跑一样，比赛中有过半的距离是在弯道上进行。2×100 米接力技术与 4×100 米接力技术难度不同，相对而言，4×100 米混合接力更复杂些。首先全程比赛需要完成三次传接棒，其次混合接力完成比赛，男、女技术特点和跑速差异会给传接棒顺利完成带来一些难度。这里重点介绍 4×100 米混合接力跑技术。

（一）起跑技术

规则规定板鞋竞速比赛在标准田径场进行，每组最多 4 个队参赛，即每个队分别占据两条跑道。规则还规定接力区为 10 米，要求运动员必须在接力区内起跑并在接力区内完成传接棒。通常第一棒运动员以右手持棒，站在分道内侧起跑，并沿内侧跑向接棒队员。接棒运动员需要在 10 米的接力区内选好起跑位置。第二棒、第四棒的运动员应站在分道中间偏外侧，运动员头部向左转，目视传棒人的跑进（如图 2-47、图2-48）。第三棒的运动员站在分道内侧，头向右转观察运动员的跑进。当传棒运动员跑到自己的起动标志线时，接棒运动员迅速起跑。接棒人的起跑姿势是否正确一是要看是否有利于快速起跑和加速跑，二是能否清楚地看到逐步跑近的传棒运动员，并做出起动的准确判断。

图 2-47   接棒起跑技术 1

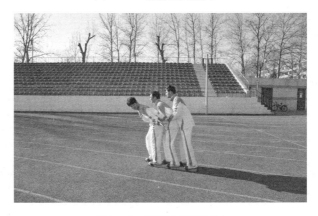

图 2-48   接棒起跑技术 2

（二）传接棒方法

板鞋竞速接力传接棒的方法与短跑基本相同，但又有很大差异。

相同之处是二者在传接棒的手法上均可分为上挑式、下压式和混合式三种（如图2-49至图2-52）；传接棒又分为"看棒传接棒"和"不看棒传接棒"两种。

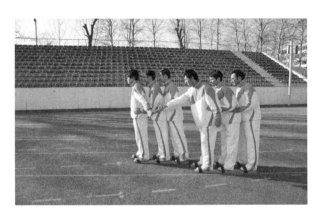

图 2-49 传接棒方法 1

图 2-50 传接棒方法 2

图 2-51　传接棒方法 3

图 2-52　传接棒方法 4

　　不同之处是，板鞋竞速由三名运动员穿着板鞋进行比赛，谁传棒、谁接棒会有很大差别。在 4×100 米混合接力比赛中，通常是最前面的运动员持棒，接棒的第一名运动员扭头观察传棒运动员，而后面两名运动员面朝前，集中注意力听传棒运动员或接棒运动员的口令同时起跑（如图 2-53 至图 2-55）。第三棒和第四棒的传接（2×100 米接力与此相同）可能会变为第四棒的最后一名运动员接棒（如图 2-56 至图 2-58）。

图 2-53　传接棒方法 5

图 2-54　传接棒方法 6

图 2-55　传接棒方法 7

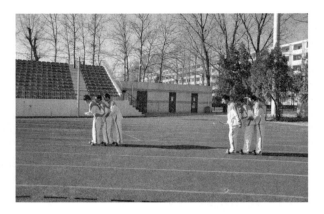

图 2-56　传接棒方法 8

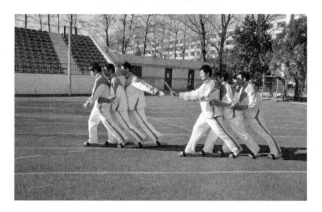

图 2-57　传接棒方法 9

图 2-58　传接棒方法 10

第一名和最后一名运动员接棒各有利弊，目前这两种方式都有运动队采用。最后一名运动员接棒的好处是缩短传接棒的距离和时间，坏处是最后一名运动员手持接力棒双手稳固控制中间运动员腰部的难度加大，这可能会影响到后面的跑进。而最前面的运动员接棒虽然延误少许时间，但因其站在最前面，两臂可以充分前后摆动，对三人整体技术影响不大。

在传接棒技术中，目前大多数运动员采用不看棒技术（如图2-59）。第一，板鞋竞速的跑速比较慢，接棒运动员加速的距离较短（最多10米），完成传接棒并不复杂；第二，如果接棒运动员转身目视传棒运动员并接棒，可能会造成三人动作不一致，反而影响跑的速度，甚至会造成板鞋脱落。

图 2-59　传接棒方法 11

（三）影响传接棒的因素

影响传接棒技术发挥的因素有传棒和接棒的时机、接棒运动员起动标志线的确定、接棒运动员对运动员跑速的判断能力及三人协同快速起动的技术。

1. 传接棒时机

在板鞋接力跑比赛中,要求传接棒队员必须在接力区内高速完成传接棒动作。在10米接力区内传接棒队员都能达到相对稳定的高速时是传接棒的最佳时期。通常会从接力区内后端线加速,尽可能延长加速的距离,又确保不越出接力区犯规,这一最佳时机一般在接力区前端2米左右。最佳传接棒时机的标准是,接棒队员应快速起动,并在较快的速度下完成传接棒,这样可以节省不少时间。如果三次传接棒都能快速、顺利完成,接力跑全程速度就可以大大提高。

2. 接棒运动员起动标志线的确定

起动标志线是第二、三、四棒运动员起跑点的标志。它是根据传棒队员和接棒队员的跑速和传接棒技术熟练程度以及最佳传接棒时机等因素确定的。考虑到接棒运动员跑到接力区时通常体力消耗较大,板鞋竞速接力区的距离又只有十米,起动标志线一般不会大于5米。如果是男女混合接力,女传、男接,起动标志线只需2~3米即可。

总之,理想的传接棒技术标准是运动员在不犯规的情况下能在较高的跑速中完成传接棒动作。图2-60至图2-68为完整的传接棒技术。

图 2-60 传接棒完整技术 1

图 2-61 传接棒完整技术 2

图 2-62 传接棒完整技术 3

图 2-63 传接棒完整技术 4

图 2-64　传接棒完整技术 5

图 2-65　传接棒完整技术 6

图 2-66　传接棒完整技术 7

图 2-67 传接棒完整技术 8

图 2-68 传接棒完整技术 9

二、弯道跑技术

板鞋竞速在赛程中弯道上唯一举行的运动是接力比赛。鉴于板鞋竞速本身的速度较为缓慢，与径赛类在直道完成起跑及加速冲刺的高超技艺相比较，在弯道上进行起跑和加速跑的技术动作并无太大差异。然而，在弯道奔跑过程中，团队成员之间的紧密协作显得尤为关键。当赛事进入中途环节之后，选手们需要严格遵守短跑运动员在弯道动作中的技术规范。在跑步过程中，身体应适度向左侧倾，右侧肩膀略微高于左侧肩膀；位于队伍最前方的运动员，其右臂的摆动幅度较大并且稍微偏向外侧，而左臂则摆动幅度较小且贴近身体侧面；三位队员的右腿摆动幅度较大，同时向前抬起并向内弯曲。在后蹬阶段，他们会运用前脚掌的内侧紧紧抓住板鞋；左脚则稍微向外伸展，利用脚外侧发力（如图2-69）。

图2-69　弯道跑技术

第三章

板鞋竞速教学

第一节　板鞋竞速运动教学任务

在开展板鞋竞速运动项目教学工作时，必须遵循基于实际操作经验的基本原则，这也是不断深入了解和认知板鞋竞速运动教学实践过程的关键所在。针对板鞋竞速运动的训练成果开展深入研究，有助于更好地掌握运用技巧，进一步提升板鞋竞速运动的训练水平，并以此为导向，达成增强人体健康状况、促进体育健身事业发展的最终目标。

在推广和发展板鞋竞速运动的进程当中，首要任务在于广大的教育工作者与教练团队成员必须端正自身对于这种运动项目的理解与认识方向，持续提高他们的理论基础以及实践操作经验，力求将板鞋竞速运动所包含的理论知识更为全面、深入与细微化。只有这样，才能够确保所有运动员能够从中学到更多关于运动竞技方面的技巧、方法，同时有效地培养他们健康向上的积极心态和坚强的意志力，进一步激发他们运动的主动性和积极性，使他们在日常的学习和训练过程中始终保持对更高运动成就的追求。在实际的板鞋竞速运动教学过程中，需要关注的重点包括但不限于以下几个方面：动作的节奏感、学生对于身体运动轨迹的感知、发力的最佳时机选择、身体各部位力量的合理分配、动作的协调性、发力的速度和幅度控制以及团队协作的默契度等等，这些都是直接影响板鞋竞速运动最终结果的关键要素。

板鞋竞速运动教学方法是沟通教师的教与学生的学的中介，是完成板鞋竞速教学任务的桥梁。由板鞋竞速运动知识、技能转为学生的能力，需要教学方法来完成。教学方法主要是激发学生的兴趣和求知欲，培养学生正确的学习、训练的动机的首要手段，它对发展学生的智力、培养自我锻炼身体的能力和养成自我锻炼的习惯起到重要作用，同时，其也是检查、评价和自我评价，以及评价学习、锻炼身体效果的一种方式，它能发扬人与人之间相互团结、互相协作的精神，能促进各民族的和谐与发展。板鞋竞速运动教学的基本任务具体有以下几点。

一、明确教学指导思想

众所周知，板鞋竞速运动这一新兴项目已然正式跻身于全民族运动会比赛项目之中，然而在教学方面，对于该运动项目的独特教学思路、理念及策略尚未得到充分关注和深度理解，部分体育教师甚至将其视为与田径运动相似的项目，并试图采用传统的田径教学方式来开展教学工作，这种做法无疑会影响到板鞋竞速运动成绩的提升效果。因此，必须明确认识到，确立清晰的教学指导思想对于顺利完成板鞋竞速运动的教学任务具有至关重要的意义。

"寓教于乐"的教学思想实质上是教育的终极目标，也是最高层次的教学境界。在板鞋竞速运动教学实践中，应当高度重视训练过程中的趣味性，激发运动员自发地投入到板鞋竞速运动训练活动中去，而这种动力正是源于他们对这项运动的浓厚兴趣。作为教练员，在传授运动员技术技巧的同时，更要注重培养他们的学习兴趣，引导他们形成积极主动参与板鞋竞速运动训练的良好习惯。

二、采用教学方法多样化的模式

鉴于不同学生在体能素质层面以及对板鞋竞速运动技术操作的领悟程度等方面存在明显差异，整齐划一的技术及标准难以满足广大学生群体的需求，导致他们无法精准把握运动技巧，进而影响到板鞋竞速运动教学的整体质量，并且制约了学生基础运动素养和综合能力的提升，甚至可能给学生带来精神压力。因此，实施个性化教学策略，运用多元化的教学方式，有助于提升板鞋竞速运动的教学成效。

在组织板鞋竞速课程教学与训练活动时，教师应依据每位运动员独特的性格特征、身体条件、个人优势等因素，充分发掘并发挥其特长，以期提升运动员的运动训练效果。板鞋竞速运动作为一项极具挑战性且需高度专注力的体育项目，教师有责任采取多样化的教学手段，丰富教学内容，激发运动员的学习兴趣，促使他们积极投入运动训练，实现事半功倍的教学效果。

三、运用丰富的教学内容

在针对板鞋竞速运动项目开展的专门化培训过程中，部分体育教师过度追求竞赛活动的完备性及系统性，过于强调跑步技巧与动作的教授，忽略了对于学生基础运动能力及综合素质培育的重要性，未能有效地发挥出板鞋竞速运动教育在引导学生树立健康意识观念方面的独特价值。因此，在设计板鞋竞速运动教学方案时，不仅需要兼顾知识与技能的传授，更应关注到学生的个人兴趣、喜好以及他们是否能够积极主动地投入到学习之中。为了满足各类学生的个性化需求，有必要根据学生的个体差异来选择相应的教学内容，以推动板鞋竞速教学内容向更加灵活多样的方向发展。

四、科学的考核评价方法

鉴于板鞋竞速这一运动项目的竞技表现受到诸多因素的综合作用与制约，使得其竞技水平难以在短期内实现较大幅度的提升；再者，对板鞋竞速课程教学成果的考核通常主要依据运动员的比赛成绩、达标比例以及及格比率等量化指标进行衡量，然而这种一概而论的评价模式在评分过程中缺乏灵活性，未能充分考虑到学生的学习态度以及个人能力提升状况，从而无法准确且全面地反映出学生在各个层面所取得的实际进步。因此，有必要采取更为科学且全面的考核方式来评估教学效果，这无疑将成为教学工作中的关键环节之一。

第二节　板鞋竞速运动教学原则

教学原则是在长期的教学中积累的经验总结，是教学过程客观规律的反映，因而也是教学中应遵循的准则。板鞋运动教学主要贯彻和应用的基本教学原则包括如下几个方面。

一、自觉积极性原则

在板鞋竞速教学实践中，自觉积极性原则是至关重要的一环。它指的是，需要通过合理规划和设计教学流程，使学生能够清晰地理解学习的目标和任务，充分调动他们的学习热情和主动性，将认真完成学习任务转化为他们的自觉行为。

在实施这一原则时，需要关注以下几个方面：

第一，让学生明确学习板鞋运动的目标和任务。需要引导学生深入了解板鞋运动对于提升身体素质、增强运动能力所具有的积极意义；同时，也要让学生明白掌握板鞋运动各项技术动作对于提高身体发展水平以及促进文化课学习效率的重要性，以此来激发学生们刻苦锻炼和自觉学习的精神。此外，还需让学生清楚地知道不同学习阶段的具体要求，以便他们能积极自觉地、主动地去完成相应的学习任务。

第二，注重培养学生的学习兴趣。培养学生的学习兴趣对于激发他们的学习自觉性和积极性有着至关重要的作用。在实际教学过程中，可以采用多样化的教学方式，如采用游戏、竞赛等方式来活跃课堂氛围，但同时也要注意控制训练强度，避免过度疲劳导致学生无法正常参与学习。

第三，强化教师的主导作用。在整个教学过程中，教师的言行举止会对学生产生深远的影响。鉴于板鞋竞速教学主要在户外进行，教师更应该以身作则，不畏严寒酷暑，率先垂范，要求学生做到的事情自己必须先做到。

第四，预防伤害事故的发生。由于板鞋竞速项目需要多人共用一双板鞋，且在后期教学练习阶段，学生还需要穿着板鞋进行跑步活动，因此极易引发摔跤和受伤事件。为了确保教学安全，教师除了要精心设计教学方案外，还应对学生提出严格要求，防止意外伤害事故的发生。若因教学方法或手段不当而导致伤害事故的发生，不仅会给学生带来身心上的双重创伤，还可能对其他同学产生负面影响，进而影响到整体教学效果。

二、直观性原则

直观性原则是根据人们对事物的认识规律提出来的，学生对于知识、技能与技术的认识也应遵循从感性到理性的过程。在板鞋竞速的教学中，应引导学生遵循从感性认识到理性思考的认知路径。借助于视觉、听觉以及肌肉的触感，学生能够更为深入地感知动作的形态，通过反复实践和训练，逐步掌握板鞋运动的各个环节和技术要点。恰当地运用直观性教学原则，有助于学生更快更牢固地掌握各项技术，对于提升教学成果具有至关重要的意义。

在板鞋竞速教学中，直观教学方式有以下几种：

一是动作示范。通常由教师或高水平的学生担当演示者，是使学生目睹并切实感受动作形态的直观教学手段。

二是直观教具。对于板鞋竞速而言，主要采用多媒体、挂图、视频等多元化的方式，向学生全面展示板鞋竞速动作的全过程。这些方式能够有效弥补动作示范的局限性，特别是在运用多媒体的慢放功能时，学生能清晰地观察到实际示范中稍纵即逝的关键动作，从而有助于他们更好地掌握动作要领。

然而，在运用直观性原则的同时，还需注重激发学生的主动思考能力，提高他们分析问题和解决问题的能力。例如，在教授弯道跑技术时，可以向学生提问为何身体需要内倾，以及外侧板鞋抬脚的高度为何应当高于内侧，然后通过示范和详细解释，加深学生对此的理解和记忆。

三、从实际出发原则

就板鞋竞速教学而言，实用性原则即是在设定课程任务、选定教学内容、策划组织方式以及对训练量与强度进行合理调控时，均需尽力贴合实际环境下学生及教学设施的现状。这一原则是基于学生身心发展之客观规律而提出，同时亦是实现高效课堂教学的必然要求。

在板鞋竞速教学中，从实际出发原则应注意以下几点：

一是从学生实际出发。首要任务是全面掌握学生各个方面的详细信息，包括他们的生理健康状态、综合素质水平以及对于板鞋竞速运动的个人喜好程度、认知理解和在课堂上的行为准则等等。具体而言，所设定的课程任务要求，应确保大部分学生通过自身的努力能够顺利完成；而针对那些体质较弱或者存在伤病困扰的学生，教师需要给予特别的关注和照顾，提供个性化的学习方案。

二是从教学实际出发。根据教学环境的实际情况来制订教学计划，需要充分了解板鞋的品质、数量及其可用性，然后根据这些实际情况，有针对性地制定教学目标，选择合适的教学内容，并设计有效的教学方法。

四、循序渐进原则

循序渐进原则是指在教学中教学进度、内容和方法的安排，要由易到难、由简到繁，学生负荷量增加要有由小到大到适应再到大的过程和不断提高的原则。

在板鞋竞速教学中，循序渐进原则主要有：

第一，针对板鞋竞速的各个技术环节进行科学合理的教学步骤设置。尽管每一个技术环节都有着各自独特且互相关联的要求，但是这些技术环节之间的关系是密不可分的。因此，在实际的教学过程中，应该按照板鞋竞速技术构成的完整顺序来进行教学步骤的安排。

第二，在制订教学计划的时候，必须遵循由浅入深、循序渐进的原则。例如，在具体的教学实践中，可以先让学生穿着板鞋进行缓慢行走，然后再逐渐过渡到快速奔跑。在教学内容的编排方面，应该在回顾和复习前一节课所学知识的基础之上，引入新的知识点。在最初阶段的学习过程中，需要将动作进行分解或者简化处理，对于动作的规范性并没有过高的要求。随着学习的不断深入，需要逐渐提升学生的速度、幅度以及力量水平，最终实现正确技术动作的规范化。

第三，在教学过程中，需要逐步增加学生的训练负荷。所谓的"负荷"，就是指训练的难度和训练的频率。如果学生的训练负荷过低，那么他们的身体就无法得到充分的锻炼，从而导致动作技术难以掌握；然而，如果训练负荷过高，又会影响到学生的身心健康以及学习的积极性。为了使学生能够更好地掌握运动技能，需要提供足够的训练机会，并且在保证训练数量的同时，注重训练的强度、密度以及动作的质量。在整个教学过程中，必须确保学生已经适应了现有的训练负荷之后，才可以适当地增加训练的数量或者提高训练的强度和密度。

五、巩固提高原则

板鞋竞速中巩固提高原则是为了使学生牢固地掌握板鞋竞速运动知识、技术与技能，并在实践中加以应用。依据生理学的研究成果可知，学生对动作技术与技能的掌握过程实际上是大脑皮层初步建立了运动动力定型的结果。然而，如果这种动力定型长期得不到强化训练，就会逐渐消退，导致教学工作付诸东流。因此，在教学过程中，必须合理地规划教学内容，通过多次重复性的练习，使学生在理论知识、技术技巧等多个层面达到稳固的水平。

在板鞋竞速教学中，贯彻巩固提高原则需要注意以下两点。

第一，加强教学工作计划性。具体来说，在教学过程中，应该引导学生反复复习已学过的动作或知识、技术和技能。同时，在制订教学计划时，不仅要充分考虑各个技术环节所需的教学时间，还应关注板鞋竞速运动中那些易犯错误的常见环节。

第二，教师在课堂上应尽可能地营造出生动有趣的氛围，讲解要精准到位，并且要将多种教学方法有机结合起来，以此激发学生的学习兴趣和主动性，进而使他们能够掌握更为规范的技术和技能。

第三节　板鞋竞速教学方法

一、了解板鞋竞速的技术和知识

1. 结合技术图片、影像、示范等，讲解板鞋竞速项目的起源、技术特点、场地、规则和裁判方法等。

2. 介绍板鞋的材料、结构和制作方法。

3. 根据三名运动员的身高、体型、身体素质、跑的技术特点等合理安排站位顺序。

4. 根据每名运动员的前后站位及脚的大小，学习安装、调试护皮，以便适合每一个人的脚型。

5. 讲解有关板鞋竞速接力跑的比赛项目和知识。

6. 展示优秀运动员传接棒动作的影像或图片。

7. 讲解和示范传接棒技术和方法。

教法提示：

1. 在正式练习板鞋技术前，对练习者讲解和说明板鞋竞速的起源、锻炼价值、技术特点等，让他们对板鞋竞速有初步的了解，并对该项目产生兴趣。

2. 需要了解板鞋竞速练习中可能出现的一些危险和伤害事故，掌握一些避免出现伤害事故的方法和急救措施。

3. 练习者根据个人的身体条件及心理特点自愿组合，练习效果会更好。

4. 如有可能应该给初学者提供必要的防护用具，如护踝、护膝和护腕等。

二、学习穿板鞋及走步技术

1. 选择合适的鞋。适合板鞋的用鞋以耐磨和轻便为宜，如市场上常见又便宜的田径鞋，鞋底最好是牛筋底，因为它的防滑效果好。

2. 学习三人穿板鞋的方法，以及后两名练习者双手摆放的位置。图3-1、图3-2为双手搭肩的全身动作及局部动作，图3-3为双手扶腰的全身动作，图3-4、图3-5为双手扶腰的两种手型：一种为拇指与其他四指分开，一种为五指并拢。

图 3-1　双手搭肩（全身）

图 3-2　双手搭肩（局部）

图 3-3　双手扶腰（全身）

图 3-4　双手扶腰手型（拇指分开）

图 3-5　双手扶腰手型（五指并拢）

3. 由一人或一起喊口令"一、二、一"或"左、右、左"原地踏步，体会动作的协调性，如图 3-6、图 3-7。

图 3-6　原地踏步 1

图 3-7　原地踏步 2

4. 喊口令练习小步幅慢走，体会下肢蹬摆配合技术，以及第一名运动员摆臂技术和后两名运动员两臂配合技术。

5. 喊口令练习步长稳定，慢速、中速、快速走，图 3-8 至图 3-10 为走步姿势，图 3-11 至图 3-13 为下肢动作。

图 3-8　走步姿势 1

6. 喊口令练习大步幅慢速、中速、快速走。

7. 练习不同距离的变化步长、步频走，体会速度变化时的步调一致和节奏感。

图 3-9　走步姿势 2

图 3-10　走步姿势 3

图 3-11　走步下肢动作 1

图 3-12 走步下肢动作 2

图 3-13 走步下肢动作 3

教法提示：

1. 刚开始练习时，练习者积极性高涨，容易急于求成，反而造成动作不协调，出现板鞋脱落或练习者摔倒现象。因此，特别强调要循序渐进。

2. 初学者因配合不默契，可以由一人喊口令，三人听节奏走步更容易步调一致。

3. 三人步调一致并不说明彼此动作协调、自然和放松，要达到比较默契的程度需要较长时间的练习。即使已经开始练习跑步，每次练习时，走步技术也是必不可少的。

4. 当走步技术比较协调后，节奏的变化以及走步方向的改变（如蛇形走、8字走等）对练习者随机应变能力的提高有很大帮助。

三、学习穿板鞋直道途中跑技术

1. 三人穿板鞋原地小步跑，体会下肢协同用力和腾空。

2. 三人穿板鞋行进间小步幅跑。

3. 喊口令练习步长稳定的慢速、中速、快速跑。

4. 喊口令练习大步幅的慢速、中速、快速跑。

5. 练习较长时间以不同距离的变化步长、步频跑（如30米快速跑、30米中速跑、30米慢速跑等），体会不同速度下步调一致和节奏感。

6. 练习60—80—100米反复跑，体会板鞋途中跑技术，如图3-14至图3-16。

图3-14　反复跑练习1

图 3-15 反复跑练习 2

图 3-16 反复跑练习 3

教法提示：

1. 刚开始练习途中跑时可能还需要由一人喊节拍。

2. 小步子跑动时，三人的用力感和控制动作的能力比较好，随着动作的不断巩固再加大步长和步频。

3. 初练途中跑时，由于护皮过硬，或与脚面接触不合适，或跑步时三人节奏感不统一而造成用力"内耗"，多数练习者的脚面、脚侧和脚底会磨破，这是不可避免的过程。为了防止和减少对脚的磨损，练习者可以穿较厚的袜子或缠上绷带等保护脚面。

4. 在途中跑练习中，板鞋脱落时有发生，往往会造成一些伤害事故，其中韧带拉伤是一种比较严重的损伤。而循序渐进地练习显得尤为重要，并且随着板鞋技术水平的不断提高，自我保护的能力也会不断加强。

5. 跑步时，两只板鞋运动方向尽可能一致，避免后腿向前摆动时板鞋互相磕碰。因此，平时走步或慢跑时就要练习两脚平行的前后摆动。

6. 三人站在板鞋上的位置不同，其跑步的技术也有一定差别，随着跑速的变快，练习者需要掌握新的节奏感，这样才能做到跑速变化时的灵活自如。

7. 当达到一定跑速时，可能会出现"速度障碍"，除了考虑加强练习者的身体素质，及时调整三人前后位置，以充分挖掘每个人的特长和潜能，对进一步提高跑速也非常重要。

四、学习起跑和加速跑技术

1. 学习"各就位"姿势，体会两脚的站位、下肢的弯曲和身体的前倾。

2. 体会听口令后，三人上肢技术及下肢的蹬摆配合技术。

3. 听口令反复练习起跑接加速跑 20—30 米。

4. 听口令练习起跑、加速跑接途中跑技术。

教法提示：

1. 三人的反应动作要达到快速和同步需要反复练习，初学时可由同伴喊口令。当达到比较熟练的程度后需要有专人喊口令或鸣枪练习，这种反应速度更符合比赛的实际需要。

2. 反复体会起跑动作，逐渐找到最佳的起动姿势。

3. 因起跑是站立式，两腿弯曲较小，且鞋与板鞋、板鞋与地面容易打滑，练习者起跑时应避免用力向后下方蹬离地面。

4. 由加速跑变途中跑的过渡应自然，这个过程比短跑难度大，需要不断体会。

5. 与短跑加速过程一样，躯干应逐渐抬起，步幅逐渐加大，这样有利于后面的加速。

五、学习终点跑技术

1. 在慢跑中做上体前倾动作，用胸部或肩部撞线。

2. 用中速、快速跑做撞线动作。

3. 快速跑 40—50 米，直接跑过终点线（不做撞线动作）。

4. 快速跑 40—50 米，在终点线前 1 米左右用胸部或肩部做撞线练习。

教法提示：

1. 三人板鞋撞线与短跑有所不同，需要三人密切配合才能完成撞线动作。

2. 三人板鞋的向前撞线与短跑不同，幅度不能过大。

3. 跑过终点线后，三人仍要顺着惯性，步调一致向前跑，否则很容易摔倒，造成伤害事故。

六、学习弯道跑

1. 讲解弯道跑的技术原理，让练习者明白弯道跑的基本要求。

2. 画半径为 15 米的一个圆圈，沿逆时针进行不同速度的走，体会左右腿蹬摆方向和幅度。

3. 画半径为 15 米的一个圆圈，沿逆时针进行不同速度的跑，体会左右腿蹬摆方向和幅度。

4. 在弯道上进行慢速、中速、快速的起跑接加速跑。

5. 在弯道上进行中速、快速途中跑技术，如图 3-17。

图 3-17　反弯道途中跑练习

教法提示：

1. 弯道跑时需体会两只板鞋随跑动的方向的变化，以及右腿的技术动作变化比直道途中跑变化更明显。

2. 为避免两只板鞋互碰，弯道跑时采用小步幅快频率可能更实用。

3. 弯道跑时最前面的人应控制好跑的方向，最后一个人变化方向的幅度要比前两个人稍大。

七、改进和提高全程跑技术

1. 反复练习 60 米全程跑技术，体会各部分技术的衔接。

2. 以不同的速度反复练习 100 米全程跑技术。

教法提示：

1. 可以练习较短的距离，如 60 米，体会全程跑各部分的技术。

2. 板鞋 100 米全程跑，运动员体力消耗较大，特别是后半程。由于每个练习者的体能各异，此时需要三人竭尽全力保持原有的动作节奏。一方面要不断练习，彼此达到高度默契；另一方面，要加强相应的专业素质。

3. 与本队水平比较接近的队同时训练，通过增加对抗性来提高成绩是比较好的方法。

4. 在全程跑中尽可能坚持自己的节奏跑，不能被其他队的节奏打乱。如果试图追赶或超越其他队而改变跑的节奏，很容易造成三人节奏紊乱，致使板鞋脱落或速度下降，这是在比赛中常见的错误。

八、学习传接棒技术

1. 两队配合，听口令原地练习传接棒的技术。

2. 两队在走步中练习传接棒技术。

3. 两队在慢跑中练习传接棒技术。

4. 两队在快跑中练习传接棒技术

5. 两队在接力区内完成传接棒技术的练习。当传棒队用较快速度跑至标志线时，接棒队迅速起跑，在高速跑进中完成传接棒技术动作（见第二章板鞋竞速接力跑技术图片）。

6. 两队进行 2×50 米的接力跑练习。在接力区末端 2~3 米处完成传接棒技术动作。

7. 四队连续进行 50—100 米的接力跑练习。

8. 练习 4×50 米接力跑或进行教学比赛。

9. 练习 2×100 米和 4×100 米接力跑或进行教学比赛，图 3-18 至图 3-20 是第一人持棒和最后一人持棒的技术动作。

图 3-18　第一人持棒跑 1

图 3-19　第一人持棒跑 2

图 3-20　最后一人持棒跑

教法提示：

1. 无论是在慢跑还是快跑中完成交接棒，接棒人都应采用不看棒的方式接棒。

2. 传接棒技术或上挑或下压，但需确保传接安全。

3. 接棒队应站在分道中线偏外，避免与传棒队在交接棒时冲撞。

4. 传接棒时机要把握好，接棒队应避免起跑过早或过晚，影响交接棒的顺利完成。

5. 男、女混合接力比赛中，第一、三棒为女运动员，由于其速度较慢，加之后程速度下降快，接棒的男运动员接棒时机要把握好。

6. 第一人或最后一人手持棒的技术有明显不同，对比赛成绩有一定影响，应反复练习，选择适合自己的技术。

7. 练习接力跑时，应力求各队实力较为平均，以提高各队之间的竞争效果。

8.4×100 米混合接力比赛，依规则规定，女队要专门练习跑弯道。

9. 在每次接力跑后，都要总结经验教训，不断改进和完善传接棒技术。

九、板鞋竞速教学中常见错误动作、产生原因及纠正方法

板鞋竞速教学中常见错误动作、产生原因及纠正方法见表 3-1。

表 3-1 板鞋竞速教学中常见错误动作、产生原因及纠正方法

常见错误动作	产生原因	纠正方法
下肢前摆时踢小腿	1. 对技术动作理解错误，试图通过伸小腿加大步长。 2. 害怕板鞋从脚上脱落。	1. 观看视频或技术图片，让练习者建立正确的技术动作概念。 2. 在慢跑中逐步体会屈腿前摆动作。 3. 反复练习后蹬跑，体会下肢蹬摆技术。 4. 前摆时脚尖上翘勾住护皮。

续表

常见错误动作	产生原因	纠正方法
板鞋拖在地面上跑	1. 跑步时，大腿前摆的高度不够，特别是最后一名运动员没有主动用力。 2. 害怕板鞋从脚上脱落。	1. 反复进行小步幅高摆腿的练习。 2. 循序渐进，逐步提高步长和步频。 3. 通过多种手段克服心理障碍。
上体过于正直	1. 后蹬和前摆的角度错误。 2. 后蹬前摆用力不够充分。 3. 害怕板鞋从脚上脱落。 4. 后面的运动员向后拉前面的队员。	1. 反复练习后蹬跑，体会重心平稳的快速蹬摆技术。 2. 练习牵引跑，体会身体前倾的蹬摆动作。 3. 后面的队员后蹬时，两臂应推动前面的队员。
节奏不稳定致使板鞋脱落或减速	1. 运动员的身体素质差异造成。 2. 技术动作不规范，用力时机、方向、大小不同。 3. 运动员配合不够默契，突然变化跑的节奏时动作紊乱。 4. 在运动员疲劳时身体素质的差异无法保持稳定的节奏。	1. 加强板鞋竞速所需的速度、力量和柔韧素质。 2. 通过球类等活动提高练习者灵敏性和协调性。 3. 体会不同节奏的板鞋速度，使队员逐步达到默契的程度。 4. 通过长距离板鞋练习或专项速度耐力训练，提高和保持全程快跑的能力。
板鞋离地面过低	1. 技术动作概念错误。 2. 身体素质差造成。 3. 跑的频率过快。	1. 观看板鞋视频或技术图片，建立正确的技术动作概念。 2. 在全面提高队员各项身体素质的情况下，对身体素质较差的队员进行专门训练，使队员专项素质达到平衡。 3. 通过适宜步长的慢频率改变错误动作。
板鞋前后摆动时相互磕碰	1. 两只板鞋前后摆动时靠得太近。 2. 三人摆动时用力方向不一致。	1. 练习时保持两只板鞋的适宜距离。 2. 板鞋上通过快走、慢跑、快跑等强化练习者下肢前后摆动的一致性。 3. 在跑动中随时纠正错误动作。
躯干前后、左右晃动	1. 躯干及上肢力量差。 2. 后面的两名队员两手把控前面队员的位置及用力方向不对。	1. 加强腰腹肌、背肌及上肢的专门力量。 2. 掌握正确的把控技术，有意识地保持躯干的稳定，直至形成正确的动作。

第四节　板鞋竞速教案范例

下文将列举一些板鞋竞速教案范例，见表 3-2。

表 3-2　板鞋竞速教学进度表（20 学时）

课次	主要内容	主要教学手段	目的要求
1	（1）介绍板鞋竞速教学的安排与要求。 （2）介绍板鞋竞速的起源、发展概况、比赛项目设置、技术特点等，建立板鞋竞速完整的技术概念。 （3）介绍板鞋竞速的裁判法、规则。 （4）初步掌握三人板鞋原地和行进中走的技术。	（1）简述板鞋竞速的发展史。 （2）利用直观教具讲解板鞋竞速的技术要领、项目特点，并进行技术示范。 （3）三人徒手进行原地和行进中走的模仿练习。 （4）三人穿上板鞋进行原地和行进中走的练习。	（1）使学生了解上课要求、教学进度、考试办法及纪律要求。 （2）使学生了解板鞋竞速起源及板鞋竞速的技术特点。 （3）掌握小步跑、高抬腿、后蹬跑技术。 （4）初步掌握三人行进中走的技术。
2	（1）通过学习和改进，进一步完善行进中走的技术。 （2）在理解板鞋竞速技术的基础上，体会三人协力慢跑的技术。 （3）培养学生发现问题和解决问题的能力。	（1）三人行进中由指定的一名学生喊"一、二"口令，三人按照口令行进30 米。 （2）配合图片讲解板鞋竞速走的技术并体会慢跑技术。 （3）对学生提问，了解学生对技术动作的理解。	（1）了解板鞋竞速走的完整技术。 （2）通过专门练习进一步掌握板鞋竞速技术。 （3）体会不同速度走的节奏。 （4）提高学生分析技术的能力。 （5）培养学生的团结精神。

续表

课次	主要内容	主要教学手段	目的要求
3	（1）进一步改进行进中走的技术。 （2）初步学习由走变为慢跑的技术。 （3）初步学习板鞋起跑技术。 （4）身体素质练习。 （5）培养讲解和分析技术的能力。	（1）行进中走的练习。 （2）讲解、示范板鞋竞速慢跑技术。 （3）讲解、示范板鞋竞速站立式起跑技术 （4）板鞋慢跑30米练习。 （5）后蹬跑60米练习。 （6）学生互相观察和指导。	（1）着重抓好摆动腿的蹬地、提拉、着地动作。 （2）注意慢跑时身体的平衡性，三人协调配合，在由走向慢跑转变的条件下，灵活地掌握节奏变化。 （3）抓好起跑时第一步的节奏。 （4）培养学生观察、解决问题的能力，加强同学间团结协作精神。
4	（1）进一步改进由走向慢跑的转变技术。 （2）进一步提高站立式起跑技术。 （3）初步学习加速跑的技术。 （4）身体素质练习。	（1）进行走10米后紧接着慢跑30米的练习。 （2）着重进行站立式起跑的练习，使学生掌握技术要领。 （3）体会起跑接加速跑的练习。 （4）指定学生讲解、示范。	（1）反复地练习，使学生能够较好地掌握慢跑技术。 （2）继续强化站立式起跑技术，使三人在完成技术的同时达到动作协调的要求。 （3）在加速跑的时候注意控制身体重心，保持动作的连贯。 （4）培养学生语言表达能力和教学的组织水平。
5	（1）观看教学视频，提高学生对正确技术的理解。 （2）掌握板鞋竞速快速跑的技术。 （3）简要介绍板鞋竞速裁判的规则与方法。 （4）培养学生正确的学习观念。	（1）通过观看板鞋竞速技术视频，使同学们能更加直观理解正确的板鞋竞速技术。 （2）通过教师的讲解，进一步掌握板鞋竞速技术理论。 （3）讲解和分析优秀板鞋竞速运动员的技术特点。	（1）通过观察视频了解板鞋竞速教学和训练手段。 （2）巩固已学过的内容。 （3）使学生了解国内优秀运动员的技术特点。

续表

课次	主要内容	主要教学手段	目的要求
6	（1）进一步提高起跑技术。 （2）改进和提高加速跑的技术。 （3）初步学习途中跑技术。 （4）身体素质练习。	（1）听信号进行起跑练习。 （2）加速跑30米练习。 （3）途中跑60米练习。 （4）短距离的变速跑。 （5）组织学生观察，并对学生提问。	（1）听到信号之后快速起动时要求协调一致。 （2）在加速跑和途中跑时要注意三人保持协调，重心保持平稳。 （3）提高学生观察技术细节的能力。
7	（1）进一步提高加速跑技术。 （2）进一步提高途中跑技术。 （3）学习板鞋终点跑技术和全程跑技术。 （4）身体素质练习。	（1）听口令进行加速跑练习30米。 （2）用比赛的方式进行起跑与起跑后的加速跑练习。 （3）途中跑练习60米。 （4）全程跑练习100米。	（1）体会加速过程中的节奏感。 （2）控制身体重心，保持平稳。 （3）练习途中跑和全程跑时注意三人保持动作的协调。 （4）培养学生意志品质，以及团结协作精神。
8	（1）改进和提高全程跑技术。 （2）学习弯道起跑及起跑后的加速技术。 （3）身体素质练习。	（1）全程跑100米练习。 （2）学习弯道起跑及起跑后的加速跑练习。	（1）提高学生途中跑的能力。 （2）使学生在途中跑的过程中体会速度的分配。 （3）弯道起跑及起跑后的加速跑时，注意控制身体重心，保持身体稍微内倾。 （4）提高学生竞争意识。
9	（1）改进和提高全程跑的技术和成绩。 （2）进一步掌握弯道跑技术，并体验弯道全程跑技术。 （3）学习板鞋竞速接力跑技术。	（1）直道全程100米跑练习。 （2）弯道30米跑练习。 （3）弯道全程100米跑练习。 （4）不同距离和速度传接棒技术练习。 （5）2×100米接力跑练习。	（1）直道全程跑时注意保持节奏连贯、顺畅。 （2）弯道跑时注意身体重心的保持，并注意身体内倾。 （3）学习接力跑时注意交接棒的技巧。 （4）提高学生竞争意识。

续表

课次	主要内容	主要教学手段	目的要求
10	（1）说明考试注意事项和具体要求。 （2）板鞋竞速跑的技评与达标。	板鞋竞速考核。	（1）由考评小组严格按照考试标准执行。 （2）检查教学效果，总结学习情况。

课　次 ___1___ 　　　　　　　　　　　　　　　　日期_____

部分	时间	教学内容	分量	组织教法及要求
教学内容		1. 介绍板鞋竞速的起源、发展概况、比赛项目设置、技术特点及比赛规则等。 2. 初步掌握三人板鞋原地走的技术。 3. 初步掌握三人板鞋行进间走的技术。		
教学任务		1. 通过讲解使学生了解板鞋竞速的发展概况、比赛规则和技术特点等。 2. 通过学习，初步建立板鞋竞速完整的技术概念。 3. 初步掌握原地和行进间走的技术。 4. 加强素质练习，发展上下肢和腰腹肌力量。 5. 培养学生自觉遵守纪律和团结精神。		
部分	时间	教学内容	分量	组织教法及要求
一 开 始 部 分	5′	1. 班长集合整队，检查人数报告教师。 2. 师生问好，考勤并做自我介绍。 3. 安排见习生并提出要求。 4. 简要介绍本次课所学内容。 5. 宣布本次课的任务及注意事项。		1. 队形如下图： XXXXXXXXXXXX XXXXXXXXXXXX ▲教师 2. 要求： （1）整队迅速整齐。 （2）见习生记录所学内容。

续表

部分	时间	教学内容	分量	组织教法及要求
二准备部分	25′	（一）一般性准备活动 1. 走、跑练习。 方法：脚掌滚动走→提踵大步走→竞走→交叉步跑→慢跑。 2. 定位徒手操。 第一节：头部运动； 第二节：上肢运动； 第三节：扩胸运动； 第四节：体侧运动； 第五节：体转运动； 第六节：踢腿运动； 第七节：腹背运动； 第八节：下蹲运动； 第九节：全身运动； 第十节：跳跃运动。 3. 游戏：摆臂接力。 方法：分成两组迎面比赛，分别按以下三种动作进行三局比赛，输一局和违反动作要求者罚5个俯卧撑。①两臂贴腿跑。②伸直摆臂跑。③横向摆臂跑。 （二）专门性准备活动 1. 正、侧踢腿练习。 2. 交叉步练习。 3. 后踢腿跑。 4. 并腿跳练习。 5. 转髋练习。	5′ 800米 5′ 4×8拍 8′ 7′ 20米×2组	（一）一般性准备活动组织教法 1. 呈两路纵队绕场跑进，注意保持队形并逐渐加快跑动速度。 队形图： ▲教师 XXXX XXXX 2. 徒手操。 （1）组织队形如下图： XXXXXXXXXXX XXXXXXXXXXX ▲教师 （2）要求：动作整齐，规范。 3. 游戏：摆臂接力。 （1）教师讲解示范后同学进行练习。组织队形如下图： XXXXXXXXXX XXXXXXXXXX ▲教师 （2）规则：分为人数均等两组，迎面击掌接力赛，听从教师指挥。 （二）专门性准备活动组织教法 1. 练习队形如下图： XXXXXX —— XXXXXX —— ▲教师 2. 要求：听教师口令做，练习认真。

续表

部分	时间	教学内容	分量	组织教法及要求
三 基 本 部 分	55′	（一）简单介绍 介绍板鞋竞速的起源、发展概况、比赛项目设置、技术特点及比赛规则、技术发展概况等。 （二）介绍板鞋竞速的完整技术 1. 讲解板鞋竞速的技术特点。 2. 观看优秀运动员的技术图片。 3. 做60米跑的完整技术示范1~2次。 （三）学习三人板鞋走的技术 1. 原地徒手模仿练习。 （1）动作要领： ①三人前后站立，后面两位同学将双手放于前面同学的腰部位置，三人距离适中，稍前倾或正直，两脚左右站立，颈肩放松、两眼平视。 ②听口令进行原地走的练习。喊"一"的时候，三人同时抬左脚；喊"二"的时候，左脚落下的同时抬右脚。重复进行。 （2）练习内容： 原地听口令模仿走的练习。 2. 三人穿板鞋进行原地走的练习。 （1）动作要领： ①三人穿上板鞋之后，准备姿势同上。 ②听口令进行行进中原地练习，同上。 （2）练习内容： 听口令进行穿板鞋原地走的练习。 3. 行进中徒手模仿走的练习。 （1）动作要领：	5′ 10′ 25′	（一）教学步骤及教法 1. 老师讲解。 2. 学生认真听讲。 3. 组织队形同开始部分集合队形。 XXXXXXXX ▲ XXXXXXXX XXXXXXX ▲ ——→ XXXXXXX 4. 要求：认真观察技术示范。 （二）同（一）。 （三）三人板鞋走的练习 1. 不穿板鞋及穿板鞋后原地走的教学步骤及教法。 （1）讲解法：讲解要简明扼要。 （2）示范法：教师做技术示范时，让学生站在便于观察动作的位置。 （3）进行练习的队形如下图： XXX　XXX　XXX　XXX XXX　XXX　XXX　XXX ▲教师 要求：每组前后左右各相距两米站立。严格按照口令进行。 2. 不穿板鞋及穿板鞋后原地走的教学步骤及教法。 （1）讲解法：同上。 （2）示范法：同上。 （3）进行练习的队形，同上。 （4）组织队形如下图： XXX　XXX ——→ XXX　XXX ——→ ▲教师 要求：每组前后相隔2米距离站立，当前面同学走出10米以后，后面同学开始向前行进。行进中严格按照口令进行。

部分	时间	教学内容	分量	组织教法及要求
三 基 本 部 分	55′	①上体稍前倾，肩部放松，两臂自然放于前面同学腰部两侧。 ②髋、膝、踝关节放松。 ③听口令同上进行行进中的模仿练习。 （2）练习内容： 三人行进中模仿走的练习。 4. 三人穿板鞋学习行进间走的练习。 （1）动作要领： ①三人穿上板鞋之后，准备姿势同上。 ②听口令进行行进中走的练习，同上。 （2）练习内容： 听口令进行穿板鞋行进中走的练习。 （四）跑的专门练习 1. 小步跑。 （1）动作要领： ①上体正直，肩放松，臂自然摆动。 ②髋、膝、踝、关节放松。 ③大腿积极下压，前脚掌积极扒地。 （2）练习内容： ① 扶肋木小步跑练习。 ② 原地小步跑练习。 2. 高抬腿。 （1）动作要领： ①上体正直或前倾，两臂有力前后摆动。 ②大腿积极下压，重心提起。 （2）练习内容： ①原地高抬腿走。 ②扶墙高抬腿跑。 ③行进间高抬腿走。	15′ 20 米	（四）学习跑的专门练习 1. 小步跑教学步骤及教法。 （1）讲解法：讲解要简明扼要。 （2）示范法：教师做技术示范时，让学生站在便于观察动作的位置。 （3）练习内容： ①两组轮换利用肋木进行练习，节奏由慢到快。 XXXXXXX XXXXXXX ▲教师 ②原地小步跑练习队形： XXXX ⟶ ⋃ XXXX ⟶ ⌒ ▲教师 要求：注意踝关节的放松。

续表

部分	时间	教学内容	分量	组织教法及要求
三基本部分		3. 后蹬跑。 （1）动作要领：上体稍前倾，支撑腿充分蹬直；摆动腿积极下压，脚掌着地；两臂有力前后摆动。 （2）练习内容： ①原地蹬摆模仿练习。 ②俯卧蹬摆模仿练习。		2. 高抬腿教学步骤及教法。 （1）讲解和示范同上。 （2）组织练习： ①组织：组织队形同上，要求大腿下压时，迅速蹬伸髋、膝、踝关节，保持高重心。 ②练习：队形同小步跑。 （3）要求：抬腿时膝稍向前，脚在身体重心投影点前约15厘米处着地，重心移至支撑点上方。 3. 后蹬跑。 （1）讲解和示范同上。 （2）组织练习：呈两列横队站立同上。 （3）要求：两臂伸直，两脚交替速度节奏由慢到快。
四结束部分	5′	1. 放松活动。 以徒手操为主，进行全身放松。 2. 本次课小结。 总结优点，提出不足（技术）。 3. 宣布下课，师生再见。		1. 队形如下图： XXXXXXXXXXXX XXXXXXXXXXXX ▲教师 2. 要求：集合动作快而整齐。

课　次　__2__　　　　　　　　　　　　　　　　　　日期_____

教学内容	1. 通过学习和改进，进一步完善行进中走的技术。 2. 在理解板鞋竞速技术的基础上，体会三人协力慢跑的技术。 3. 素质练习。
教学任务	1. 通过学习和改进，进一步完善和掌握跑的专门练习。 2. 通过对技术的分析，进一步完善行进中走的技术。 3. 在理解板鞋竞速技术的基础上，学习慢跑技术。 4. 培养学生协作精神，以及发现问题和解决问题的能力。

续表

部分	时间	教学内容	分量	组织教法及要求
一开始部分	5′	1. 班长集合整队，检查人数报告教师。 2. 师生问好，教师考勤。 3. 安排见习生并提出要求。 4. 简要介绍本次课所学内容。 5. 宣布本次课的任务及注意事项。		1. 队形如下图： XXXXXXXXXXXX XXXXXXXXXXXX ▲教师 2. 要求： （1）整队迅速整齐。 （2）见习生记录所学内容。
二准备部分	25′	（一）一般性准备活动 1. 走、跑练习。 方法：大步走→慢跑→后退跑→后踢腿跑→跑跳步→快跑。 2. 行进间操。 第一节：上肢运动； 第二节：扩胸运动； 第三节：振臂运动； 第四节：体侧运动； 第五节：体转运动； 第六节：弓箭步压腿； 第七节：腹背运动； 第八节：跳跃运动。 3. 竞走比赛游戏。 方法：分为人数相等的两组队员，迎面相距20米竞走击掌接力比赛，输组和违反规则者惩罚10个俯卧撑。 （二）专门性准备活动 1. 原地屈肘摆臂。 2. 行进间屈肘摆臂。 3. 高抬大腿走。 4. 弓步大跨步走。 5. 提踵脚尖走。 6. 小弹跳走。	5′ 800米 5′ 4×8拍 8′ 7′ 各20米×2组	（一）一般性准备活动组织教法 1. 走、跑练习。 （1）组织队形如下图： XXXXXXX ▲教师 （2）要求：练习认真，动作到位。 2. 行进间操。 （1）组织：学生呈两路纵队在跑道上进行练习。队形如下图： XXXXX ……… XXXXX ……… ▲教师 （2）要求：动作协调有力。 3. 竞走比赛游戏。 （1）组织教法如下图所示： XXXXX ……… XXXXX XXXXX ……… XXXXX ▲教师 （2）规则：膝和踝不能有明显腾空动作，必须迎面击掌后方可进行接力赛。 （二）专门性准备活动组织教法 练习队形如下图： XXXXX ……… XXXXX ……… ▲教师

续表

部分	时间	教学内容	分量	组织教法及要求
三基本部分	55′	（一）复习板鞋走的练习。 1. 原地走。 （1）原地慢走。 （2）原地快走。 重点：三人用力大小、方向、时机应协调配合。 要求：练习者的脚尽量套紧护皮，两腿抬起和放下自然放松。 2. 三人穿板鞋慢走。 （1）听节拍慢走 50 米，3~4 次。 （2）听节拍变换步长，慢走100 米，2~3 次。 重点：听节拍自然放松走，三人腿的后蹬和前摆要保持一条直线，最前面的人要控制好走的方向。 要求：逐渐学会自我保护，当板鞋脱落时，三人在原地重新穿上继续向前走。 3. 中速、慢速、变速走。 绕田径场走 400 米，1~2 次。 动作要领： ①三人穿上板鞋之后前后站立，后面两位同学将双手放于前面同学的腰部位置，三人距离适中，稍前倾或正直，两脚左右站立，颈肩放松，两眼平视。 ②听口令进行走的练习。喊"一"的时候，三人同时抬左脚；喊"二"的时候，三人同时抬右脚。 重点：三人体会不同速度和步长变化时灵活改变节奏的能力，当步调不一致时及时调整的能力。 要求：按口令要求同时变换，不能突然改变速度。 （二）复习板鞋慢跑技术 1. 由走变跑的技术。 10 米走接 30 米跑，3~4 次。	10′ 10′ 10′ 25′	（一）教学步骤及教法 1. 强调动作要领，进行正误示范。 组织队形如下图： XXXXX········ ——→ ♪ XXXXX········ ——→ ♪ ▲教师 2. 每一个队占用两条跑道，前后间隔 10 米，为了保持走的直线形，可以在分道线上走。返回时可以徒步。 3. 教学步骤及教法。 （1）讲解法：讲解要简明扼要。 （2）示范法：教师做技术示范时，让学生站在便于观察动作的位置。 （3）组织队形如下图： XXX XXX——| ♪ XXX XXX——| ♪ ▲教师 （4）学生分析错误动作产生的原因和纠正方法。 （5）教师对学生提问，大家讨论。 （二）组织教法 1. 四个队一组同时练习。 2. 要求： 站位及向前行进的时机同上，在由慢走转为跑的过程中严格按照口令进行，在进行慢跑的同时注意在旁边安排同学进行保护，以防止学生摔倒。

部分	时间	教学内容	分量	组织教法及要求
三基本部分		动作要领：由行进中的慢走过渡到慢跑，在转换之前指定三人中的一人喊口令，听到口令后三人同时由慢走过渡到跑。跑的过程中也要喊口令，以保持跑的节奏。 2. 板鞋慢跑。 30米，2~3次。 动作要领： 三人躯干前倾，特别是最后一人躯干前倾较大；三人后蹬时较充分，大小腿微折叠便快速前摆；后两名学生双手要牢牢握紧前两名学生的腰部，这样才能使三人成为牢固的整体。左脚落下的同时抬右脚，向前行进。		
四结束部分	5′	1. 放松活动。 以徒手操为主，进行全身放松。 2. 本次课小结。 总结优点，提出不足（技术）。 3. 宣布下课，师生再见。		1. 队形如下图： XXXXXXXXXXXX XXXXXXXXXXXX ▲教师 2. 要求：集合动作快而整齐。

课　次　__3__　　　　　　　　　　　日期_____

教学内容	1. 进一步改进行进中走的技术。 2. 学习由走变为慢跑的技术。 3. 初步学习站立式起跑技术。 4. 身体素质练习。
教学任务	1. 巩固提高三人板鞋原地走的技术，改进行进中走的技术；培养学生讲解技术和自我评价的能力。 2. 通过讲解和练习，使学生掌握由走转为慢跑的技术，学习站立式起跑技术。 3. 通过后蹬跑练习，发展学生腿部力量。 4. 培养学生讲解技术的能力。

续表

部分	时间	教学内容	分量	组织教法及要求
一 开始部分	5′	1. 班长集合整队，检查人数报告教师。 2. 师生问好，教师考勤。 3. 安排见习生并提出要求。 4. 简要回顾上次课所学内容。 5. 宣布本次课的任务及注意事项。		1. 队形如下图： XXXXXXXXXXX XXXXXXXXXXX ▲教师 2. 要求： （1）整队迅速整齐。 （2）见习生记录所学内容。
二 准备部分	25′	（一）一般性准备活动 1. 走、跑练习。 方法：大步走→慢跑。 2. 现代伸展操。 第一节：颈部运动； 第二节：肩部运动； 第三节：背部和胸部运动； 第四节：腰部和腹部运动； 第五节：髋部和臀部运动； 第六节：大腿内侧运动； 第七节：大腿后部运动； 第八节：大腿前部运动； 第九节：小腿运动； 第十节：脚和踝部运动。 3. 游戏：贴人游戏。 方法：2人一队围成圈，1人跑、1人追。跑者在被触及前贴于任意一队前，该队后者续跑被追，若被触及，追者反追跑者，以此类推。 （二）专门性准备活动 1. 后蹬腿跑 20 米过渡到途中跑。 2. 车轮跑 20 米过渡到途中跑。 3. 高抬腿跑 20 米过渡到途中跑。	5′ 800 米 5′ 8′ 7′ 20 米× 2 组	（一）一般性准备活动组织教法 1. 走、跑练习。 （1）组织队形如下图： ←　　←　XXXXXXX ↓　　▲教师　　↑ →　　→ （2）要求：以教师为中心呈一路纵队跑进；注意保持队形并逐渐加快跑动速度。 2. 现代伸展操。 （1）组织：学生呈两列横队在跑道上进行练习。 （2）要求：动作协调有力。 3. 游戏：贴人游戏。 （1）组织：两人一组站成一圆圈。 （2）规则：学生在进行追逐跑时，不能超越圈外 5 米范围。在熟练游戏之后，可增加为 2~3 队同学相互追逐，一定要认清自己的伙伴。 （二）专门性准备活动组织教法 （1）组织练习队形如下图： XXXXX ——————→ XXXXX ——————→ ▲教师 （2）要求：注意速度和组间距离。

续表

部分	时间	教学内容	分量	组织教法及要求
三 基 本 部 分	55′	（一）巩固提高三人板鞋走的技术 1. 教师讲解三人板鞋原地走的技术和方法。 （1）三人穿板鞋后原地走的练习。 教法：三人一组，组与组间隔 3 米。 重点：体会在原地走中的放松技术。 （2）行进间走的练习，速度不要太快。 教法：分组同上，组与组间隔 5 米。 重点：三人协调配合，注意走时身体重心平稳。 2. 讲评技术。 （1）给每组同学进行技术评定。 （2）分析优、良、及格和不及格技术的优缺点。 （3）请优秀学生进行示范。 教法：①分成两组交替练习，一组练习，一组听教师分析讲评技术。②分别请不同等级的三组同学进行示范。 3. 培养学生讲解三人板鞋走的技术和方法。 4. 培养学生技评能力。 （二）学习由走转为慢跑的技术 教师讲解三人板鞋由走转为慢跑的技术和方法。 练习：由走转为慢跑。	10′ 15′ 20′	（一）教学步骤及教法 1. 教师讲解。 （1）教师讲解板鞋直道途中跑技术和方法。 （2）教师示范练习。 （3）组织队形如下图： XXX XXX XXX XXX 　　　　▲教师 （4）要求：走的动作放松；节奏保持连贯。 2. 讲评技术教学步骤及教法。 （1）同上。 （2）同上。 （3）组织队形如下图： XXXXXX —————— XXXXXX　　▲教师 （4）要求：学生认真听讲。仔细观察不同等级水平技术。 3. 教学步骤。 （1）同上。 （2）同上。 （3）组织队形同上。 （4）要求：教师随机抽查 3 位同学进行技术分析和讲解方法。 （二）由走转为慢跑的教学步骤及教法 （1）教师讲解由走转为慢跑的技术要点，并做示范。 （2）组织队形如下图： XXX XXX———— XXX XXX———— 　　　　▲教师

续表

部分	时间	教学内容	分量	组织教法及要求
三基本部分	55′	教法：两列纵队，三人一组，三人穿板鞋后进行行进中的慢走练习，由每组中指定的一名同学给其他两名同学信号，如"慢跑—预备"，然后三人由走转为慢跑。 重点：注意转换时严格按照口令进行，跑的时候注意身体重心稍前倾，大小腿积极蹬伸，保持身体平稳。 （三）学习三人板鞋站立式起跑技术 教师讲解三人板鞋站立式起跑的技术和方法。 练习：站立式起跑。 ①集体做"各就位"后的准备姿势。 ②站在起跑线后，听口令向前迈出第一步的练习。 ③听口令向前行进10米的练习。 教法：四列纵队，三人穿板鞋后在八条直道上均匀分开，进行站立式起跑的练习。当听到"各就位"时，三人在跑道上站好，准备姿势可以采用两脚平行或前后分开的方式，注意三人保持身体前倾；当听到"跑"的口令时，三人同时向前蹬摆左腿或右腿，然后接跑的练习。重复进行。 重点：起跑时注意力高度集中，当跑的口令发出后，三人要保持动作的一致性，关键是起跑迈出第一步的技术。 （四）后蹬跑练习 动作要领：在上体保持一定前倾的姿势下，积极完成前摆和后蹬动作，围绕田径场进行，在直道上进行后蹬跑，弯道采用放松走的形式。	4次 4次 6组 10′	（3）要求：行进过程中保持放松；转换时严格按口令进行，必要时旁边安排同学进行保护。 （三）三人板鞋站立式起跑技术教学步骤及教法 （1）教师讲解站立式起跑的技术要点。 （2）教师示范练习。 （3）组织队形如下图： XXX XXX XXX XXX XXX XXX XXX XXX ▲教师 要求：四队同学为一组，听教师口令进行练习，准备姿势时脚的站位方式按自己的特点进行选择。 ①各就位后，三人身体保持前倾2~3秒还原成站立姿势。 ②按教师口令进行向前迈出第一步的练习。 ③体会由准备姿势向跑过渡的感觉。 注意三人的协调配合，必要时在旁边安排同学进行保护。 （四）教学步骤及教法 （1）组织：教师讲解后进行示范。呈一路纵队一个接一个进行练习。 （2）要求：后蹬跑要有一定的步幅，完成两腿的前摆和有力的后蹬动作，注意踝关节的放松。

部分	时间	教学内容	分量	组织教法及要求
四结束部分	5′	1. 放松活动。 以徒手操为主，进行全身放松。 2. 本次课小结。 总结优点，提出不足（技术）。 3. 宣布下课，师生再见。		1. 队形如下图： XXXXXXXXXXXX XXXXXXXXXXXX ▲教师 2. 要求：集合动作快而整齐。

课次＿4＿　　　　　　　　　　　　　　　　　日期＿＿＿＿＿

教学内容	1. 进一步改进由走向慢跑的转变技术。 2. 进一步提高站立式起跑技术。 3. 初步学习加速跑的技术。 4. 身体素质练习。
教学任务	1. 进一步完善由走向慢跑转变的技术。 2. 通过对站立式起跑技术进行正误分析，培养学生发现和纠正错误的能力。 3. 着重进行起跑及起跑后的加速跑练习，使学生初步掌握其技术要领。 4. 介绍板鞋竞速的训练方法，使学生能掌握和运用此方法。 5. 培养学生语言表达能力和教学的组织水平。

部分	时间	教学内容	分量	组织教法及要求
一开始部分	5′	1. 班长集合整队，检查人数报告教师。 2. 师生问好，教师考勤。 3. 安排见习生并提出要求。 4. 简要回顾上次课所学内容 5. 宣布本次课的任务及注意事项。		1. 队形如下图： XXXXXXXXXXXX XXXXXXXXXXXX ▲教师 2. 要求： （1）整队迅速整齐。 （2）见习生记录所学内容。

续表

部分	时间	教学内容	分量	组织教法及要求
二 准 备 部 分	25′	(一) 一般性准备活动 1. 围绕田径场慢跑。 2. 徒手定位操（第二套）： 第一节：头部运动； 第二节：上肢运动； 第三节：扩胸运动； 第四节：体侧运动； 第五节：体转运动； 第六节：踢腿运动； 第七节：腹背运动； 第八节：下蹲运动； 第九节：全身运动； 第十节：跳跃运动。 3. 游戏：跳跃竹竿。 方法：游戏时指定某学生持竹竿立于圆心，竹竿高于地面约30厘米，沿逆时针方向不停转动，竹竿经过时，圆圈上的学生必须跳起让竹竿通过，如被竹竿击中，则替换练习。 (二) 专门性准备活动 1. 静力压腿、劈腿、伸展大腿前后及内侧肌肉群。 2. 两腿交换做摆动腿的抬、摆、压动作。 3. 双手叉腰做后踢腿跑。	5′ 800米 5′ 4×8拍 8′ 7′ 各2×8拍 20米×2组 30米×2组	(一) 一般性准备活动组织教法 1. 慢跑。 (1) 组织：呈两路纵队绕场跑进。队形如下图： XXXX XXXX ▲教师 (2) 要求：注意保持队形并逐渐加快跑动速度。 2. 徒手操。 (1) 组织：学生呈两列横队在跑道上进行练习。队形如下图： XXXXXXXXXXXX XXXXXXXXXXXX ▲教师 (2) 要求：动作有力舒展。 3. 跳跃竹竿。 (1) 组织教法：学生们站成一个大圆圈。教师讲解示范后学生进行练习。 (2) 规则：持竹竿的学生要掌握好节奏，做到时快时慢，注意安全，其余学生思想集中。 (二) 专门性准备活动组织教法 (1) 组织队形如下图： XXXXX ┄┄┄ → XXXXX ┄┄┄ → ▲教师 (2) 要求：动作由慢到快。

部分	时间	教学内容	分量	组织教法及要求
三 基 本 部 分	55′	（一）复习跑的专门练习 1. 小步跑 20 米转入途中跑。 2. 行进间高抬腿转入途中跑。 3. 后蹬跑 30 米转入途中跑。 （二）完善由走向跑转变的技术 1. 慢走变跑技术练习。 2. 中速走变跑技术练习。 3. 快速走变跑技术练习。 要求：听口令由走转变为跑，大约 30 米。 重点：体会不同速度下由走变为跑的衔接技术。 （三）进一步提高站立式起跑技术 1. 听口令练习站立式起跑后迈出第一步技术。 动作要领：反应快速，但后蹬用力不能过猛，特别是后蹬角不能过大，以免造成板鞋与地面打滑。当后蹬结束后，三人应快速向前摆动，第一步落在起跑线前两脚左右处。 2. 起跑后进行 10 米跑练习。 动作要领：三人躯干前倾较大，随着逐渐加大步频和步幅，身体重心逐渐抬起。 （四）初步学习起跑后的加速跑技术 1. 动作要领：在听到"跑"的口令时，三人同时迅速向前迈出第一步，上体急速前倾，最前面的同学两臂前后摆动，然后迅速过渡到双脚交替蹬伸，要求三人必须加强后蹬。随着跑出距离的增加，前面同学大腿渐渐抬起，达到水平，此时身体重心也随着慢慢抬起，大约行进 30 米。	5′ 50 米× 2 组 50 米× 2 组 50 米× 2 组 10′ 10′ 20′	（一）教学步骤及教法 1. 教师讲解。 2. 教师示范正误动作。 3. 组织：呈两路纵队练习，教师从正前、后、侧三个方位观察、指导，纠正错误动作。队形如下图： XXXXXX ⟶ XXXXXX ⟶ ▲教师 4. 要求：动作规范、放松、协调用力。 （二）教学步骤及教法 1. 教师讲解技术。 2. 教师示范练习。 3. 组织队形如下图： XXX XXX ⟶ XXX XXX ⟶ ▲教师 4. 要求：认真观察正误技术，改进技术动作，保持行进过程中的身体平稳。 （三）同（二）。 （四）教学步骤及教法 1. 教师讲解加速跑技术的特点。 2. 示范法：教师做技术示范时，让学生站在便于观察动作的位置。 3. 组织队形同上。 4. 易犯错误及纠正： （1）听到口令后，迈出第一步时不同步。 纠正办法：三人注意力保持高度集中，认真听口令进行。 （2）加速过程中，大小腿蹬摆不充分。 纠正办法：用力蹬伸，积极前摆。 （3）身体重心后仰。 纠正办法：三人贴紧，保持身体前倾。

续表

部分	时间	教学内容	分量	组织教法及要求
三基本部分		2. 练习内容： 练习听口令起动后的 30 米加速跑。 重点：逐渐加大步频和步幅，逐渐抬起前倾的上体过渡到途中跑。 （五）介绍板鞋竞速的身体素质训练方法 1. 牵引跑练习 动作要领：练习者将 5 米长的皮筋套在腰部，另一端由自己的伙伴牵着向前跑。 2. 手扶双杠拉皮筋。	10′ 60 米× 2 组 30 次× 3 组	注意：安排人员对加速跑的学生进行保护，以免摔倒。 （五）教学步骤及教法 1. 教师介绍板鞋竞速的身体素质训练方法。 2. 请学生对训练方法进行示范。 3. 组织队形如下图： XXXXXXXXXXXX XXXXXXXXXXXX ▲教师 4. 要求：认真听讲，注意力集中。
四结束部分	5′	1. 放松活动。 以徒手操为主，进行全身放松。 2. 本次课小结。 总结优点，提出不足（技术）。 3. 宣布下课，师生再见。		1. 队形如下图： XXXXXXXXXXXX XXXXXXXXXXXX ▲教师 2. 要求：集合动作快而整齐。

课次　5　　　　　　　　　　　　　　　　日期_____

教学任务	1. 观看教学视频，提高学生对正确技术的理解。 2. 了解板鞋竞速快速跑的技术。 3. 简要介绍板鞋竞速裁判的规则与方法。 4. 培养学生树立正确的学习观念。
教学重点与难点	教学重点： 板鞋竞速全程技术可分为起跑、起跑后的加速跑、途中跑和终点跑四部分。途中跑距离不仅占全程距离的 80% 左右，而且对成绩的贡献率也最大。因此，途中跑技术是板鞋竞速技术教学中的最重要部分。对于板鞋竞速的起跑及起跑后的加速跑和途中跑在实际教学中应进行重点教学。板鞋竞速理论技术课的讲解重点是根据教学重点进行相应的技术分析，特别是要分析加速跑和途中跑技术、弯道和直道跑技术的不同，使同学们在理论上对板鞋竞速技术有正确的理解。 教学难点： 如何能让同学们把正确的板鞋竞速理论技术转化到实际的运用之中。

续表

教学用具	视频、PPT、粉笔
教学主要内容	一、观看板鞋竞速技术及教学视频，同时进行讲解。 1. 通过观看优秀运动队的技术视频，进行生物力学的分析，使学生进一步加强对板鞋竞速完整技术的认识；通过进一步讲解，使学生更加了解重点技术的方法。 2. 通过对比分析，找出自身技术的缺陷，讨论如何解决。 二、讲述板鞋竞速技术理论 1. 板鞋竞速比赛项目的设置。 2. 板鞋竞速的发展与研究概况。 3. 板鞋竞速技术分析。 （1）站立式起跑技术。 （2）起跑后加速跑技术。 （3）途中跑技术。 （4）终点跑和全程跑技术。 4. 弯道跑技术分析。 5. 直道和弯道跑技术的力学分析。 6. 简述板鞋竞速的教学步骤和方法。 7. 简述板鞋竞速的主要训练方法和手段。
组织教法	1. 直观教学法：组织同学们观看板鞋竞速技术及教学视频，同时教师进行讲解。 2. 讲解法：采用重点突出、简明扼要的讲解，在讲解中注意采用启发诱导式方法，提高学生对板鞋竞速技术的进一步理解。 3. 提问法：对在教学中出现的错误技术问题，在理论讲解中教师采用启发方式让学生积极思考，从而加深对技术的认识。 4. 讨论法：针对学生对板鞋竞速技术的一些不成熟或错误的认识，进行课堂讨论。
板鞋竞速进展与本课要点归纳	1. 学科进展： 板鞋竞速技术的进展特点：由对动作外观的描述转为对动作实质的论述；对动作技术的分析由单纯的运动学特征描述充实为既有运动学特征描述又有动力学特征描述。 2. 本课要点归纳： （1）观看板鞋竞速技术及教学视频，同时进行讲解。 （2）讲述板鞋竞速技术理论。 （3）简述板鞋竞速的教学步骤和方法。 （4）简述板鞋竞速主要的训练方法和手段。

续表

思考题	1. 决定板鞋竞速成绩的主要因素是什么？ 2. 简述板鞋竞速的技术特点。 3. 简述板鞋竞速技术的教学步骤。

课 次 ___6___   日 期_____

教学内容	1. 进一步完善起跑技术。 2. 改进和提高加速跑的技术。 3. 初步学习途中跑技术。 4. 身体素质练习。
教学任务	1. 进一步完善起跑技术。 2. 通过练习，进一步提高加速跑技术。 3. 通过练习，使学生初步掌握途中跑技术。 4. 提高学生观察技术细节的能力。

部分	时间	教学内容	分量	组织教法及要求
一 开始部分	5′	1. 班长集合整队，检查人数报告教师。 2. 师生问好，教师考勤。 3. 安排见习生并提出要求。 4. 简要回顾上次课所学内容。 5. 宣布本次课的任务及注意事项。		1. 队形如下图： XXXXXXXXXXXX XXXXXXXXXXXX ▲教师 2. 要求： （1）整队迅速整齐。 （2）见习生记录所学内容。

续表

部分	时间	教学内容	分量	组织教法及要求
二 准 备 部 分	25'	（一）一般性准备活动 1. 大步走 200 米，竞走 200 米，围绕田径场慢跑 400 米。 2. 拍手操。 第一节：上肢运动； 第二节：扩胸运动； 第三节：体侧运动； 第四节：体转运动； 第五节：踢腿运动； 第六节：腹背运动； 第七节：全身运动； 第八节：跳跃运动。 3. 游戏：穿城门。 方法：画两条相距 10 米的平行线。将游戏者分成人数相等的两队，呈纵队站在起跑线后，各队选出两人分别到起跑线前 10 米处，两人内侧手相拉举，搭成一个城门，面对本队游戏者。组织者发令后，各队迅速拉手前跑穿过城门，绕城门左侧再返回起跑线后，以最后一人过线为准，先跑完的队获胜。 （二）专门性准备活动 1. 行进间前后交叉步。 2. 行进间交换腿跳。 3. 弓箭步送髋走。 4. 屈肘绕环跑。 5. 高抬腿跑接途中跑。 6. 后蹬跑接途中跑。 7. 加速跑。	5' 800 米 5' 4×8 拍 8' 7' 各 20 米×2 组	（一）一般性准备活动组织教法 1. 慢跑。 （1）组织：呈两路纵队绕场跑进。队形如下图： XXXX ▲教师 XXXX （2）要求：注意保持队形并逐渐加快跑动速度。 2. 拍手操。 （1）组织：学生呈两列横队在跑道上进行练习。队形如下图： XXXXXXXXXXXX XXXXXXXXXXXX ▲教师 （2）要求：动作有力舒展。 3. 穿城门。 （1）组织教法：教师讲解示范后同学进行练习。 （2）规则： ①游戏者必须呈一路纵队跑进，否则判失败。 ②游戏时，游戏者之间不准松手。 ③城门不准随便移动，否则判本队失败。 （二）专门性准备活动组织教法 组织队形如下图： XXXXX → XXXXX → ▲教师

续表

部分	时间	教学内容	分量	组织教法及要求
三基本部分	55′	（一）进一步完善起跑技术 1. 练习：分组听口令进行起跑。 讲解起跑的技术要领，学生分组进行练习，教师对学生存在的问题进行纠正。 2. 要求：严格按照口令进行。练习"各就位"后的准备动作，听到"跑"的口令后迅速向前迈出，并加速大约10米。 （二）改进和提高加速跑的技术 1. 由站立式起跑接加速跑技术。 2. 由走转为加速跑的练习。 3. 慢跑—加速跑—慢跑练习。 （三）初步学习途中跑技术 1. 教师讲解板鞋竞速直道途中跑技术和方法。 （1）行进间途中跑。站立式起跑、慢速起动到中等速度。 教法：三人一组，组与组间隔10米。 重点：体会在快跑中放松的技术。 （2）行进间途中跑。站立式起跑、中速起动到最快速度。 教法：同上。 重点：身体重心在最快速度中保持前倾，大小腿积极蹬伸。 2. 讲评技术。 （1）给每位同学进行技术评定。 （2）分析优、良、及格和不及格技术的优缺点。 （3）请优秀学生进行示范。 教法：①分成两组交替练习，一组练习，一组听教师分析讲评技术。②分别请不同等级的三名同学进行示范。	10′ 15′ 20′	（一）教学步骤及教法 （1）教师讲解技术。 （2）教师示范练习。 （3）组织队形如下图： XXX　XXX XXX　XXX ▲教师 （4）要求：认真观察正误技术，改进技术动作，保持行进过程中的身体平稳。 （二）教学步骤及教法 （1）教师讲解技术要领并作示范。 （2）组织学生观看技术图片。 （3）组织学生进行练习。 （4）组织队形同上。 （5）要求：练习时最前面的同学在腾空的最高点尽量保持大腿抬平，两臂屈肘配合下肢蹬摆；后面两位同学身体稍向前倾，积极前摆。 （三）教学步骤及教法 1. 教学步骤 （1）教师讲解板鞋竞速直道途中跑技术和方法。 （2）教师示范练习。 （3）组织队形同上。 （4）要求：跑的动作完整放松；变换节奏跑时衔接要连贯 2. 讲评技术教学步骤及教法。 （1）同上。 （2）同上。 （3）组织队形如下图： XXX　XXX ⟶ XXXXXX　　▲教师

续表

部分	时间	教学内容	分量	组织教法及要求
三基本部分		（四）素质练习 1. 直膝跳深力量训练。 动作要领：用 8~10 个高 20~30 厘米的跳箱，间距约 50 厘米依次横向排列。练习者直膝从跳箱上跳下，再直膝迅速跳上下一个跳箱，连续练习。 2. 肋木腰腹肌练习。 动作要领：双手紧握肋木，身体悬垂，然后收腹，双腿伸直摆至胸前。 要求：两个练习交替进行。	10′ 6 组	（4）要求：学生认真听讲。仔细观察不同等级水平技术，随机抽取三名同学对技术进行分析。 （四）直膝跳深力量教学步骤及方法 1. 教师讲解技术要领和方法。 2. 教师进行示范。 3. 组织学生呈一路纵队进行练习。队形如下图： XXXXXXXXXXXX XXXXXXXXXXXX ▲教师 4. 要求：间隔两个跳箱呈一路纵队练习。
四结束部分	5′	1. 放松活动 以徒手操为主，进行全身放松。 2. 本次课小结 总结优点，提出不足（技术）。 3. 宣布下课，师生再见。		1. 队形如下图： XXXXXXXXXXXX XXXXXXXXXXXX ▲教师 2. 要求：集合动作快而整齐。

课　次　__7__　　　　　　　　　　　　　　　　　　日　期_____

教学内容	1. 进一步改善加速跑技术。 2. 复习途中跑技术。 3. 学习板鞋终点跑技术和全程跑技术。 4. 身体素质练习。
教学任务	1. 进一步改善加速跑技术，使学生能讲解该技术的组织教法及要求。 2. 着重进行途中跑的练习。 3. 初步学习板鞋终点跑技术和全程跑技术。 4. 培养学生意志品质，以及团结协作的精神。

续表

部分	时间	教学内容	分量	组织教法及要求
一 开 始 部 分	5′	1. 班长集合整队，检查人数报告教师。 2. 师生问好，教师考勤。 3. 安排见习生并提出要求。 4. 简要介绍本次课所学内容。 5. 宣布本次课的任务及注意事项。		1. 队形如下图： XXXXXXXXXXXX XXXXXXXXXXXX ▲教师 2. 要求： （1）整队迅速整齐。 （2）见习生记录所学内容。
二 准 备 部 分	25′	（一）一般性准备活动 1. 慢跑练习。 慢跑—后退跑—弹性跑—折叠跑—慢跑。 2. 徒手定位操（第二套）： 第一节：头部运动； 第二节：上肢运动； 第三节：扩胸运动； 第四节：体侧运动； 第五节：体转运动； 第六节：踢腿运动； 第七节：腹背运动； 第八节：下蹲运动； 第九节：全身运动； 第十节：跳跃运动。 3. 游戏：滚球接力。 方法：每组各半相距 10 ~ 15 米面向站立，每组一球来回滚动，滚完的同学立即跑回队伍后面，依次进行。 （二）专门性准备活动 1. 小步跑。 2. 行进间高抬腿跑。 3. 后蹬跑。 4. 后踢腿跑。	5′ 800 米 5′ 4×8 拍 8′ 7′ 各 20 米×2 组	（一）一般性准备活动组织教法 1. 慢跑。 （1）组织：呈一路纵队绕场跑进。队形如下图： ▲教师 （2）要求：注意保持队形并逐渐加快跑动速度。 2. 徒手操。 （1）组织：学生呈两列横队在跑道上进行练习。 （2）要求：动作有力舒展。 3. 滚球接力。 （1）组织教法：分为两组，讲解方法后进行练习。两组人数相等，且面对面站立。队形如下图： XXXXX ⟶ XXXXX XXXXX ⟶ XXXXX ▲教师 （2）规则：每位同学用手掌接触球的后下部，使球与地面保持接触向前连续滚动，接球方一定要在接力区外接球。 （二）专门性准备活动组织教法 （1）组织队形如下图： XXXXXX ⟶ XXXXXX ⟶ ▲教师 （2）要求：动作由慢到快。

续表

部分	时间	教学内容	分量	组织教法及要求
三基本部分	55′	（一）改善加速跑技术 1. 教师讲解加速跑技术和方法。 2. 练习内容。 （1）学生自己练习起跑及起跑后的加速跑3~5次。 （2）听教师口令练习起跑及起跑后的加速跑3~5次。 重点：快速迈出第一步的正确技术，三人保持重心稍向前倾，大小腿积极蹬伸。 （二）巩固提高途中跑技术 1. 教师讲解途中跑技术和方法。 2. 练习内容。 （1）行进间途中跑。站立式起跑、慢速起动到中等速度。 教法：三队一组，组与组间隔10米。 重点：体会在快跑中放松的技术。 （2）行进间途中跑。站立式起跑、中速起动到最快速度。 教法：同上。 重点：上下肢在最快速度中保持技术不变形。 （三）学习板鞋终点跑技术 1. 动作要领： 在距离终点线15~20厘米处，保持上体前倾，前面同学加强摆臂，并且三人加强后蹬，尽量减少跑速的下降。上体急速前倾，以前面同学躯干任何部分撞线。	10′ 10′ 10′	（一）教学步骤及教法 1. 教师讲解教学步骤和方法。 2. 教师示范练习。 3. 组织队形如下图： XXX XXX → XXX XXX → ▲教师 4. 要求：同学互相纠正起跑及加速跑技术。 （二）教学步骤及教法 1. 教师讲解板鞋直道途中跑技术和方法。 2. 教师示范练习。 3. 组织队形如下图： XXX XXX → XXX XXX → ▲教师 4. 跑的动作完整放松，变换节奏跑时衔接要连贯。 （三）教学步骤及教法 1. 教师讲解终点跑技术的特点。 2. 示范法：教师做技术示范时，让学生站在便于观察动作的位置。 3. 组织队形如下图： XXXXX XXX → XXX → XXXXX ▲教师 4. 要求：认真观察其他同学的冲刺动作，并与自己进行对比。

续表

部分	时间	教学内容	分量	组织教法及要求
三 基 本 部 分		2. 练习内容： ①原地模仿撞线动作。 ②慢跑、中速跑听信号做撞线动作。 （四）学习板鞋竞速全程跑技术 1. 动作要领： 注意全程跑速度节奏，起跑后要尽快加速，40～70米达到最大速度，保持速度到80～90米处，冲过终点。 2. 练习内容： ①60米节奏跑（20米加速跑+20米途中跑+20米冲刺跑）。 ②100米节奏跑（30米加速跑+50米途中跑+20米冲刺跑）。 （五）速度耐力训练 单人变速跑跑（100米快速+100米慢速）。	20′ 5′ 3组	（四）教学步骤及教法 1. 讲解板鞋竞速全程跑技术的特点。 2. 示范法：教师做技术示范时，让学生站在便于观察动作的位置。 3. 组织队形同上。 4. 要求：注意速度变化，保持重心平稳，身体前倾，大小腿积极蹬伸、前摆。 （五）速度耐力 要求：慢跑时不能以走代跑，快跑时注意摆臂和步幅协调，动作放松。
四 结 束 部 分	5′	1. 放松活动 以徒手操为主，进行全身放松。 2. 本次课小结 总结优点，提出不足（技术）。 3. 宣布下课，师生再见。		1. 队形如下图： XXXXXXXXXXXX XXXXXXXXXXXX ▲教师 2. 要求：集合动作快而整齐。

课　次　___8___   日期_____

教学内容	1. 改进和提高板鞋终点跑及全程跑技术。 2. 学习板鞋弯道起跑及起跑后的加速技术。 3. 身体素质练习。
教学任务	1. 通过进一步的学习，改进和提高终点跑及全程跑技术。 2. 学习弯道起跑及起跑后的加速跑技术，让学生自己体会直道与弯道跑的不同之处。 3. 提高学生的身体素质。 4. 培养学生团结协作和力争上游的拼搏精神。

续表

部分	时间	教学内容	分量	组织教法及要求
一 开 始 部 分	5′	1. 班长集合整队，检查人数报告教师。 2. 师生问好，教师考勤。 3. 安排见习生并提出要求。 4. 简要介绍本次课所学内容。 5. 宣布本次课的任务及注意事项。		1. 队形如下图： XXXXXXXXXXX XXXXXXXXXXX ▲教师 2. 要求： （1）整队迅速整齐。 （2）见习生记录所学内容。
二 准 备 部 分	25′	（一）一般性准备活动 1. 慢跑练习。 方法：慢跑→后退跑→跑跳步→慢跑。 2. 双人操练习（第二套）： 第一节：上肢运动； 第二节：压肩运动； 第三节：体侧运动； 第四节：体转运动； 第五节：下蹲运动； 第六节：踢腿运动； 第七节：全身运动； 第八节：跳跃运动。 3. 游戏：排头抓排尾。 方法：游戏者排成单行，用双手抱住前面一人的腰部。组织者鸣笛后，排头要努力去捉排尾的人，而后半部的人要努力帮助排尾，不让排头捉到。选择面积较大、地面平整且没有障碍物的场地。 游戏中适当休息。此游戏也可改变为安排一个游戏者抓排尾者，而排头、排尾的保护者不让排尾被抓的形式进行。 （二）专门性准备活动 1. 侧交叉跑。 2. 后踢腿跑。 3. 交换腿跳。 4. 高抬腿跑。 5. 折叠跑。 6. 后蹬跑。 7. 加速跑。	5′ 800 米 5′ 8′ 7′ 各 20 米× 2 组	（一）一般性准备活动组织教法 1. 慢跑。 （1）组织队形如下图： ←　　←　XXXXXXX ↓　　▲教师　　↑ →　　　　→ （2）要求：以教师为中心呈一路纵队跑进。 2. 双人操。 （1）组织队形：呈两排站立。 （2）要求：学生呈两列横队在跑道上进行练习。 3. 游戏： （1）组织教法：手抱前面同学的腰部连接成一路纵队。 （2）规则： ①队伍不能被拉断。 ②排头触到排尾时，即换人做排头和排尾，重新开始游戏。 （二）专门性准备活动组织教法 练习队形如下图： XXXXX　｜→ XXXXX　｜→ ▲教师

续表

部分	时间	教学内容	分量	组织教法及要求
三基本部分	55′	（一）改进终点跑技术 1. 教师讲解终点跑技术和方法。 2. 练习内容。 （1）慢跑20米，至终点前1米处，上体前倾做撞线动作。 （2）中速跑20米，至终点前1米处，上体前倾做撞线动作。 重点：上下肢动作协调，撞线后要顺惯性继续向前跑，以免发生板鞋脱落等伤害事故。 （二）改进全程跑技术 1. 结合图片分析全程跑技术。 2. 练习60米全程跑技术。 重点：各部分技术的衔接。 3. 100米全程跑技术。 重点：各部分技术的衔接及步幅与步频协调。 （三）学习板鞋竞速弯道起跑技术 练习方法：弯道上站立式起跑。 动作要领：预备姿势同直道起跑姿势，板鞋可以一前一后或者平行放置。当听到"各就位"口令时，三人身体前倾，重心下降，前面同学两臂屈肘，一前一后。当听到"跑"的口令时，迅速迈出第一步，注意第一步不要过大，接下来两脚交替前进，大小腿积极蹬伸。	5′ 20m×3组 10′ 60m×1组 100m×1组 10′ 20′	（一）教学步骤及教法 1. 教师讲解教学步骤和方法。 2. 教师示范练习。 3. 组织队形如下图： XXXXX XXX ———→ XXX ———→ 1 米 XXXXX ▲教师 4. 要求：三位同学为一组练习，每组跑至终点1米处，做撞线动作。 （二）教学步骤及教法 1. 教师讲解正确技术要领。 2. 请学生进行正误示范。 3. 组织队形如下图： XXX XXX ———→ XXX XXX ———→ ▲教师 4. 易犯错误和纠正方法： 错误： ①全程无速度节奏，加速太快。 ②终点减速，没有撞线动作。 纠正方法： ①反复练习加速段速度。 ②在冲刺阶段，教师语言提示加快节奏。 （三）教学步骤及教法 1. 教师讲解弯道起跑技术的特点。 2. 示范法：教师做技术示范时，让学生站在便于观察动作的位置。 3. 组织队形如下图： XXXXXX

续表

部分	时间	教学内容	分量	组织教法及要求
三基本部分	55′	（四）初步学习板鞋竞速弯道起跑后的加速跑技术 方法同练习（三），在弯道上进行。 动作要领：弯道加速跑时身体向左倾斜，前面同学右臂摆动幅度大于左臂，右肩稍高于左肩，右肘稍向外。上弯道时，身体逐渐向内倾斜；下弯道时，逐渐平稳地减小身体内倾幅度。 （五）身体素质练习——后蹬跑100米练习 动作要领：上体稍前倾，支撑腿充分蹬直；摆动腿积极下压，脚掌着地；两臂有力前后摆动。	10′ 1~2次	4. 要求：注意脚着地技术、躯干和摆臂技术。 （四）教学步骤及教法 1. 教师讲解弯道起跑后的加速跑技术特点。 2. 示范法：教师做技术示范时，让学生站在便于观察动作的位置。 3. 组织队形同上。 4. 要求：进弯道体会身体向左倾斜的加速技术；出弯道进入直道时惯性跑2~3步，使倾斜身体逐渐正直；直道和弯道技术衔接自然。 （五）教学步骤及教法 1. 讲解和示范同上。 2. 组织练习：呈两列横队站立同上。 3. 要求：两臂伸直，两脚交替速度节奏由慢到快。
四结束部分	5′	1. 放松活动。 以徒手操为主，进行全身放松。 2. 本次课小结。 总结优点，提出不足（技术）。 3. 宣布下课，师生再见。		1. 队形如下图： XXXXXXXXXXXX XXXXXXXXXXXX ▲教师 2. 要求：集合动作快而整齐。

课　次 ___9___ 　　　　　　　　　　　　　　　　日期_____

教学内容	1. 改进和提高全程跑的技术和成绩。 2. 进一步掌握弯道跑技术，并体验弯道全程跑技术。 3. 学习板鞋竞速接力跑技术。
教学任务	1. 通过全程跑的练习，提高学生全程跑的成绩。 2. 体验弯道全程跑技术。 3. 学习接力技术，培养团队精神。 4. 培养学生团结协作和力争上游的拼搏精神。

续表

部分	时间	教学内容	分量	组织教法及要求
一 开始部分	5′	1. 班长集合整队，检查人数报告教师。 2. 师生问好，教师考勤。 3. 安排见习生并提出要求。 4. 简要介绍本次课所学内容。 5. 宣布本次课的任务及注意事项。		1. 队形如下图： XXXXXXXXXXX XXXXXXXXXXX ▲教师 2. 要求： （1）整队迅速整齐。 （2）见习生记录所学内容。
二 准备部分	25′	（一）一般性准备活动 1. 大步走 200 米，竞走 200 米，围绕田径场慢跑 400 米。 2. 拍手操。 第一节：上肢运动； 第二节：压肩运动； 第三节：体侧运动； 第四节：体转运动； 第五节：下蹲运动； 第六节：踢腿运动； 第七节：全身运动； 第八节：跳跃运动。 3. 游戏：穿城门。 方法：画两条相距 10 米的平行线。将游戏者分成人数相等的两队，呈纵队站在起跑线后，各队选出两人分别到起跑线前 10 米处，两人内侧手相拉举，搭成一个城门，面对本队游戏者。组织者发令后，各队迅速拉手前跑穿过城门，绕城门左侧再返回起跑线后，以最后一人过线为准，先跑完的队获胜。 （二）专门性准备活动 1. 行进间前后交叉步。 2. 行进间交换腿跳。 3. 弓箭步送髋走。 4. 屈肘绕环跑。 5. 高抬腿跑接途中跑。 6. 后蹬跑接途中跑。 7. 加速跑。	5′ 800 米 5′ 4×8 拍 8′ 7′ 各 20 米×2 组	（一）一般性准备活动组织教法 1. 慢跑。 （1）组织：呈两路纵队绕场跑进。队形如下图： XXXX ▲教师　XXXX （2）要求：注意保持队形并逐渐加快跑动速度。 2. 拍手操。 （1）组织：学生呈两列横队在跑道上进行练习。队形如下图： XXXXXXXXXXX XXXXXXXXXXX ▲教师 （2）要求：动作有力舒展。 3. 穿城门。 （1）组织教法：教师讲解示范后同学进行练习。 （2）规则： ①游戏者必须呈一路纵队跑进，否则判失败。 ②游戏时，游戏者之间不准松手。 ③城门不准随便移动，否则判本队失败。 （二）专门性准备活动组织教法 组织队形如下图： XXXXX ⟶ XXXXX ⟶ ▲教师

续表

部分	时间	教学内容	分量	组织教法及要求
三　基　本　部　分	55′	（一）改进和提高全程跑的技术 1. 教师讲解全程跑技术和方法。 2. 练习内容。 （1）练习60米全程跑技术。 重点：各部分技术的衔接。 （2）练习100米全程跑技术。 重点：各部分技术的衔接及步幅与步频协调。 （二）学习弯道全程跑技术 1. 教师讲解弯道全程跑技术和方法。 2. 弯道跑练习。 （1）画一个半径为10米的圆，三人按逆时针在圆圈上走。 （2）方法同上，三人按逆时针在圆圈上慢跑。 动作要领：身体向左倾斜，前面同学右臂摆动幅度大于左臂，右肩稍高于左肩，右肘稍向外。上弯道时，三人身体逐渐向内倾斜；下弯道时，逐渐平稳地减小身体内倾幅度。 3. 在跑道的弯道上练习弯道跑。 重点：各部分技术的衔接及步幅与步频协调。 （三）建立板鞋竞速接力跑完整技术概念 1. 观看优秀运动员2×100米接力跑完整技术图片。 2. 讲解接力跑方法。 （四）学习传接棒技术 1. 演示传接棒技术。	10′ 60米× 1次 100米× 1次 10′ 5′	（一）教学步骤及教法 1. 教师讲解教学步骤和方法。 2. 教师示范练习。 3. 组织队形如下图： XXX XXX ⟶ XXX XXX ⟶ ▲教师 4. 要求：三位同学为一组练习，每组在跑的过程中注意节奏的分配，保持重心平稳，身体前倾，大小腿积极蹬摆。 （二）教学步骤及教法 1. 教师讲解正确技术要领。 2. 请学生进行示范。 3. 组织队形如下图： XXXXXXXXXXXX XXXXXXXXXXXX ▲教师 4. 要求：进弯道体会身体向左倾斜的加速技术；出弯道进入直道时惯性跑2~3步，使倾斜身体逐渐正直；直道和弯道技术衔接自然。 5. 易犯错误和纠正方法： 易犯错误： 全程无速度节奏，加速太快。 纠正方法： 反复上、下弯道练习，教师语言提示保持节奏。 （三）教学步骤及教法 1. 教师利用直观图片讲解接力跑技术的特点和方法。 2. 教师利用图片演示板鞋竞速2×100米接力跑完整技术，学生站在便于观察动作的位置。

续表

部分	时间	教学内容	分量	组织教法及要求
三基本部分	55′	传接棒的方法一般有上挑式、下压式和混合式。如下图： 上挑式　　　　下压式 动作要领： 下压式接棒的手臂后伸，掌心向上，虎口张开向上，拇指向内，其余四指并拢向外，传棒人将棒的前端由向前下方放入接棒人手中；上挑式接棒的手臂自然向后伸出，掌心向后，虎口张开朝下，传棒人将棒由下向上方送入接棒人的手中。 2. 练习内容。 两队慢跑中做传接棒练习，后面队员中由第一位同学持棒，传给前面三位同学中的第一位同学。 （五）学习板鞋竞速2×100米接力跑技术 动作要领：接棒同学站在接力区内，当传棒同学到达合适的位置，接棒队员起跑，听到传棒人接棒的口令后，接棒队最前面的学生向后伸手接棒，然后向前跑进。	10′ 20′	3. 组织队形：呈两排站立。 4. 要求：同学认真听讲，仔细观看教师示范。 （四）教学步骤及教法 1. 教师讲解上挑式和下压式传接棒的技术要领。 2. 示范法：教师和学生配合示范行进间的传接棒技术。 3. 组织：站成两列横排听教师口令练习。队形如下图： XXX ➡ XXX XXX　　　　XXX ▲教师 4. 要求：传棒学生要掌握好发出信号的时机，接棒学生手臂要控制好不要左右晃动。 （五）教学步骤及教法 1. 教师讲解持棒交接棒的技术要领，并介绍接力区。 2. 组织队形同上。 3. 要求：必须在接力区内进行交接棒，接棒后必须跑至终点。
四结束部分	5′	1. 放松活动。 以徒手操为主，进行全身放松。 2. 本次课小结。 总结优点，提出不足（技术）。 3. 宣布下课，师生再见。		1. 队形如下图： XXXXXXXXXXXX XXXXXXXXXXXX ▲教师 2. 要求：集合动作快而整齐。

课　次　___10___　　　　　　　　　　　　　　　　　　日期_____

教学内容	1. 板鞋竞速100米技术评定和达标考核。 2. 教学总结。		
教学任务	1. 通过板鞋竞速技术的技评和达标考核，了解同学们掌握技术的情况。 2. 通过板鞋竞速技术的学习，培养学生讲解技术和自我评价的能力，掌握教学方法。 3. 通过教学总结，提高学生对板鞋竞速的进一步认识。 4. 培养学生积极学习、力争上游的精神。		
部分	时间	教学内容	分量	组织教法及要求
一 开 始 部 分	5′	1. 班长集合整队，检查人数报告教师。 2. 师生问好，教师考勤。 3. 安排见习生并提出要求。 4. 简要回顾上次课所学内容。 5. 宣布本次课的任务及注意事项。		1. 队形如下图： XXXXXXXXXXX XXXXXXXXXXX ▲教师 2. 要求： （1）整队迅速整齐。 （2）见习生记录所学内容。
二 准 备 部 分	25′	（一）一般性准备活动 1. 走、跑练习。 方法：大步走→慢跑→后退跑→后踢腿跑→跑跳步→慢跑。 2. 现代伸展操（二套）： 第一节：颈部运动； 第二节：肩部运动； 第三节：背部和胸部运动； 第四节：腰部和腹部运动； 第五节：髋部和臀部运动； 第六节：大腿内侧运动； 第七节：大腿后部运动； 第八节：大腿前部运动； 第九节：小腿运动； 第十节：脚和踝部运动。 3. 游戏：屈体竞逐。 方法：在场地长约30~60米的4~6条跑道上，两组人数相等进行迎面接力。游戏者沿着跑道，上体前屈，双手扶在双膝部位向前快速跑进。输组罚立卧撑10个。	5′ 800米 10′ 5′	（一）一般性准备活动组织教法 1. 走、跑练习。 （1）组织队形如下图： ←　　←　XXXXXXX ↓　　　▲教师　　↑ →　　　　→ （2）要求：以教师为中心呈一路纵队跑进。 2. 现代伸展操。 （1）组织队形如下图： XXXXXXXXXXX XXXXXXXXXXX ▲教师 （2）要求：学生呈两列横队在跑道上进行练习。 3. 游戏：屈体竞逐。 （1）组织教法：教师讲解示范后同学进行练习。队形图如下图： XXXXXXX|………|XXXXXXX XXXXXXX|………|XXXXXXX ▲教师

续表

部分	时间	教学内容	分量	组织教法及要求
二 准备部分		（二）专门性准备活动 1. 行进间踢腿。 2. 行进间转髋。 3. 行进间交叉步跑。	5′ 各 20 米 × 2 组	（2）规则。 ①游戏者双手不准离开膝部。 ②必须以击掌或传接棒形式完成交接，循序进行，决出胜负。 ③违反方法者罚立卧撑 10 个。 （二）专门性准备活动组织教法 组织队形如下图： XXXXX XXXXX ▲教师
三 基本部分	55′	（一）复习跑的专门练习 1. 小步跑接加速跑。 2. 高抬腿跑接加速跑。 3. 后蹬跑接加速跑。 4. 后踢腿跑接加速跑。 （二）组织考试 1. 宣布考试名单顺序。 2. 宣布考试要求。 3. 组织技评达标。 （三）教师进行教学总结 1. 纪律方面。 2. 掌握技术方面。 3. 掌握理论知识方面。 4. 能力提高方面。 5. 运动水平方面。 6. 组织教学方面。	10′ 30 米× 3 组 30 米× 2 组 30 米× 2 组 50 米× 2 组 35′ 10′	（一）教学步骤及教法 1. 教师讲解。 2. 对各教学项目进行演示。 3. 组织：两人一组呈两路纵队练习。队形如下图： XXXXX XXXXX ▲教师 4. 要求：听教师信号，间隔一定距离两人一组进行练习。 （二）组织教法 1. 组织学生在起点集合，公布考试有关事宜。 2. 分组（三人一组）。 3. 教师宣布考试细则。 4. 组织按顺序进行练习。 5. 由考评组进行统一技评达标考核。 6. 考试要求：认真对待，准备活动充分。
四 结束部分	5′	1. 放松活动。 以徒手操为主，进行全身放松。 2. 本次课小结。 总结优点，提出不足（技术）。 3. 宣布下课，师生再见。		1. 队形如下图： XXXXXXXXXXXX XXXXXXXXXXXX ▲教师 2. 要求：集合动作快而整齐。

第四章

板鞋竞速训练

对于大多数练习者来说，由于从未接触过板鞋竞速项目，要在短时间内掌握技术并取得好成绩，技术训练必须贯穿始终。随着技术的进一步完善，对专项素质提出了更高的要求，同时专项素质的提高，对技术的改进又有明显的作用，二者相互促进。板鞋竞速是由三人共穿一副板鞋向前跑的运动，三人"齐心"，才能"协力"，它是这项运动的关键，需要长期的"磨合"。多年训练实践发现，三人的团结协作精神在很大程度上比个人的身体条件更重要。

板鞋竞速训练的主要任务是：重点发展和提高与板鞋竞速项目相关的专门速度、速度耐力、爆发性力量、力量耐力及协调性等素质；加强专项能力和专项技术，逐步使技术趋于完善和稳定；培养学生团结协作精神，提高学生克服困难的意志品质；加强运动员板鞋竞赛能力和心理素质的培养。

第一节　板鞋竞速运动的身体素质训练

板鞋竞速属于周期性速度性项目，与短跑相似，要求运动员有很强的爆发力、力量耐力、速度和速度耐力。同时，由于该项目是三人组合，又要求运动员有极好的协调性和灵敏性等，通过系统的素质训练，使之相互促进，这样才能达到技术与素质的高度统一。总之，板鞋竞速对运动员素质的要求是非常全面的。

板鞋竞速的身体素质训练与短跑的身体素质训练特点相近，许多短跑的素质训练可以直接应用到板鞋素质训练中，但也有一些板鞋所需的专业素质需要特殊地训练。下面介绍一些适合板鞋素质训练的内容和方法。

一、速度训练

1. 站立式 30 米跑。

2. 站立式 60 米跑。

3. 站立式 100 米跑。

4. 穿板鞋站立式快速起动加速跑 30—50 米。

5. 穿板鞋短距离接力跑。

练习要求：

1. 完全恢复，再进行下一次练习。

2. 重复的次数不能过多，30—60 米跑一般不超过 10 次，100 米跑只需几次。

3. 穿板鞋练习速度前，准备活动一定要充分，以免发生伤害事故。

4. 在技术不是很稳定时练习板鞋速度，应要求练习者戴上防护用具，如护踝、护膝、护腕等。

5. 板鞋速度练习时应稳中求快。

6. 速度训练要贯穿全年进行，而且要在精力充沛时进行。

二、速度耐力训练

1. 100—300 米低强度、中等强度、高强度的间歇跑。

2. 100—300 米的重复跑。

3. 不同距离的变速跑，如 100—200—300—200—100 米。

4. 60—80—100 米的牵引跑。

5. 穿板鞋 100—120—150 米间歇跑。如图 4-1 至图 4-8。

图 4-1　100—120—150 米间歇跑 1

图 4-2　100—120—150 米间歇跑 2

图 4-3　100—120—150 米间歇跑 3

图 4-4　100—120—150 米间歇跑 4

图 4-5　100—120—150 米间歇跑 5

图 4-6　100—120—150 米间歇跑 6

图 4-7　100—120—150 米间歇跑 7

图 4-8　100—120—150 米间歇跑 8

6. 各种长距离的跳跃练习。

练习要求：

1. 短距离的速度耐力跑，应不少于 10 次。

2. 间歇时间的长短要考虑练习者的实际接受能力。

3. 穿板鞋练习时，在保持技术的稳定下，坚持以匀速跑完规定的距离。

三、力量训练

力量训练是板鞋竞速专项素质训练的重点。训练中应特别注意那些有针对性的发展和决定板鞋竞速成绩的各肌群力量练习。下面介绍的是适用于提高板鞋运动员力量的常用方法和手段。

（一）负重力量

1. 肩负杠铃体前屈

动作要领：将杠铃扛在肩上，两手正握杠铃，两脚分开与肩同宽，自然站立，上体挺直，如图 4-9。

图 4-9 肩负杠铃体前屈（直立位）

上体慢速前倾至与地面平行，然后再慢速抬上体，恢复成预备姿势，反复进行，如图 4-10。

图 4-10　肩负杠铃体前屈（前倾位）

2. 负重半蹲起

动作要领：两脚分开与肩同宽，屈膝下蹲至大腿与地面平行，然后快速伸膝站立，恢复到预备姿势，反复进行练习，如图 4-11。练习过程中注意抬头，背部挺直。

图 4-11　负重半蹲起

3. 卧推

动作要领：仰卧在长凳上，正握杠铃，两手握距同肩宽或稍宽于肩，两肘弯曲杠铃置于胸前，如图 4-12。卧推组数多时，两手握距可宽于肩或窄于肩，握杠距离可随意调整。动作开始时，双手用力将杠铃向胸上方快速推起，直至两臂充分伸直，然后再慢慢屈臂，使杠铃回落原来的位置，如图4-13。

图 4-12 卧推（起始位）

图 4-13 卧推（屈臂位）

4. 推举

动作要领：提铃至胸，两手握距稍宽于肩，杠铃支撑于锁骨和三角肌前部，手腕弯曲并适当放松，如图4-14。使用双臂的力量，将杠铃快速向头上方推起，然后再将杠铃慢慢地落于锁骨上，还原成提铃至胸的预备姿势，如此推上落下，反复进行，如图4-15。

图4-14　推举（起始位）

图4-15　推举（推举位）

5. 体前屈提铃至胸

动作要领：两脚左右自然开立，上体前倾，两臂充分伸直，正握杠铃，两手握距根据自己的习惯进行调整，如图4-16。快速将杠铃提至腹部或胸部，然后再慢慢下落，以杠铃不触及地面为准。反复屈臂拉起，放下，如图4-17。

6. 肩负杠铃体侧屈

动作要领：将杠铃置于颈后扛起，两脚左右自然开立，双手扶在

图 4-16　体前屈提铃至胸（起始位）

图 4-17　体前屈提铃至胸（屈臂位）

杠铃片上。上体均衡地向左、右两侧屈体，逐渐加大动作幅度，如图 4-18、图 4-19。

7. 负重提踵

动作要领：肩负杠铃，双脚正位站立，上体正直。重心稳定尽力提踵，以脚尖支撑站立，然后再缓缓将脚跟落地呈预备姿势，反复练习，如图 4-20。

图 4-18 肩负杠铃体侧屈（左侧屈体）

图 4-19 肩负杠铃体侧屈（右侧屈体）

8. 负重弓箭步走

动作要领：肩负轻杠铃，双手握在体侧杠铃杆上，躯干保持正直，支撑腿快速蹬伸，摆动腿大幅度向前迈步落地，形成弓步支撑，然后后腿蹬地前摆，形成下一次弓步支撑，在行进间重复动作，如图 4-21、图 4-22。

9. 负重交叉腿跳

动作要领：肩负轻杠铃，躯干微前倾，双手握住杠铃，一腿踏在跳箱上，另一腿脚跟抬起地面支撑。快速起跳交换双腿位置，持续重复练习，如图4-23至图4-25。

图4-20　负重提踵

图4-21　负重弓箭步走（左侧弓箭步）

图 4-22　负重弓箭步走（右侧弓箭步）

图 4-23　负重交叉腿跳（右侧蹬腿）

图 4-24　负重交叉腿跳（右侧蹬起）

图 4-25　负重交叉腿跳（左侧蹬腿）

10. 负重深蹲

动作要点：颈后肩上负杠，挺胸、抬头、紧腰、收腹，两脚以肩宽舒适稳定地站立，腰背部保持竖直，慢慢屈膝下蹲，至大腿与地面平行或稍低，然后保持躯干姿势迅速起立，如图 4-26、图 4-27。练习过程中始终保持腰背部竖直的姿势；下蹲时，要先屈髋后屈膝；下蹲速度要慢，起身速度要尽量快。

图 4-26　负重深蹲（下蹲位）

图 4-27 负重深蹲（起始位）

（二）跳跃力量训练

1. 蛙跳

动作要领：蛙跳是连续进行的立定跳远。练习时，上下肢动作很好地配合，两脚落地后马上再跳起，落地时收腹屈膝，小腿不前伸，屈膝角度不要过大，如图 4-28 至图 4-32。

图 4-28 蛙跳（起跳）

图4-29 蛙跳（展体）

图4-30 蛙跳（屈髋收腿）

图4-31 蛙跳（收腹伸腿）

图 4-32　蛙跳（落地缓冲）

2. 跳跃栏架练习

动作要领：练习时，把若干个低栏排成一行，每个栏间隔 1.5 米，双脚从栏上跳过去。跳越栏架时，上体保持正直并抬头起，跳得越高越好。每次落地后立即跳下一个栏架，直到跳完规定的栏架为止，如图 4-33 至图 4-36。

图 4-33　跳跃栏架（缓冲）

图 4-34 跳跃栏架 (起跳)

图 4-35 跳跃栏架 (过栏)

图 4-36 跳跃栏架 (落地)

3. 跳箱练习

动作要领：与跳跃栏架相似。

跳箱练习有两种：一种是跳到跳箱盖上，另一种是直接越过跳箱。

（1）设置好不同高度跳箱的距离，高度和距离依次增大，练习时，双脚迅速蹬离地面，立即跳到第一个跳箱上，随后从跳箱上跳下，前脚掌落地后立即跳到下一个跳箱上，如此连续进行，直到完成规定的跳箱为止，如图4-37、图4-38。

图 4-37　跳箱（起跳）

图 4-38　跳箱（腾空）

（2）练习时，双脚迅速蹬离地面并越过第一个跳箱，前脚掌落地后立即起跳越过第二个跳箱，如此依次进行，如图4-39、图4-40。

图 4-39　跳箱（落地）

图 4-40　跳箱（缓冲）

4. 单脚跳

动作要领：单脚跳有两种方法。一种是一腿屈膝提起，另一腿向前跳跃。另一种是一腿屈膝向前上方摆起，另一腿用力蹬地，使髋、膝、踝三关节充分蹬直，同时同侧臂用力前摆，上体保持一定程度的前倾，向前上方跳起。腾空后，蹬地腿屈膝向前抬，摆动腿向后进行交换，两臂相应地进行前后交换摆动，然后再用前面的脚进行第二次起跳，如此向前连续跳，如图 4-41 至图 4-43。

图 4-41　单脚跳（起跳）

图 4-42　单脚跳（腾空）

图 4-43　单脚跳（落地）

5. 多级跨步跳

动作要领：做五、十、十五级等多级跨跳，最后一跳落在沙坑里，或在跑道上练习。练习时踝、膝、髋关节要蹬直，节奏要好。

6. 屈腿跳

动作要领：练习时，双脚蹬地跳起后，迅速屈膝收大腿，使大腿尽量靠近胸部，用前脚掌着地，连续进行。

（三）橡皮筋牵引练习

1. 仰卧提拉橡皮筋

动作要领：直体仰卧垫上，双手抱住同伴的腿，踝关节系上橡皮筋。大小腿伸直，向上摆动直至达到与地面垂直，然后下肢落下，重复进行。练习时可一条腿重复做，也可双腿交替做，还可以膝关节弯曲，用直腿摆动的方法进行练习，如图 4-44 至图 4-46。

2. 俯卧屈膝拉皮筋

动作要领：直体俯卧垫上，双手抱住同伴的腿，踝关节系上橡皮筋，双脚交替快速进行屈膝练习，也可两腿同时屈膝练习，如图 4-47 至图 4-49。

图 4-44 仰卧提拉橡皮筋（左侧提拉）

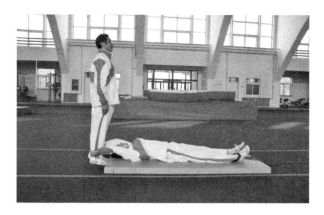

图 4-45　仰卧提拉橡皮筋（起始位）

图 4-46　仰卧提拉橡皮筋（右侧提拉）

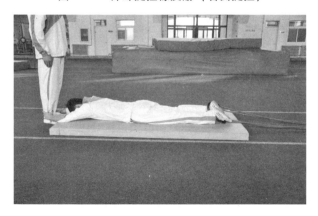

图 4-47　俯卧屈膝拉皮筋（起始位）

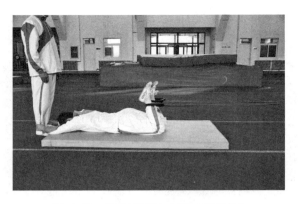

图 4-48 俯卧屈膝拉皮筋（屈膝位）

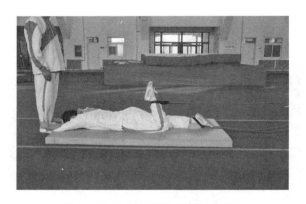

图 4-49 俯卧屈膝拉皮筋（单腿）

3. 站立单腿前拉皮筋

动作要领：双手握住肋木，躯干前倾，两脚前后站立，后腿踝关节或膝关节套上橡皮筋，然后腿屈膝快速向前上方提拉，直至胸前，完成动作过程中腰部用力收紧，躯干始终保持前倾姿势，如图 4-50、图 4-51。

4. 站立单腿后拉橡皮筋

动作要领：两手把住双杠，躯干正直站立，将橡皮筋套在一条腿的踝部，另一端固定住。单脚站立，保持身体正直，通过伸髋动作向后快速牵拉橡皮筋，坚持片刻，还原，重复上述动作，然后换对侧腿，重复上述动作，如图 4-52、图 4-53。

图 4-50 站立单腿前拉皮筋（起始位）

图 4-51 站立单腿前拉皮筋（前拉位）

图 4-52 站立单腿后拉皮筋　　　图 4-53 站立单腿后拉皮筋
　　　（起始位）　　　　　　　　　　（后拉位）

5. 牵拉摆臂

动作要领：站立或坐姿，双手分别套上橡皮筋，两臂体侧伸直，躯干保持稳定，两臂用力向胸前拉动皮筋，直至双手靠近，然后放松双臂再重复拉动皮筋，如图 4-54、图 4-55。

图 4-54　牵拉摆臂（起始位）

图 4-55　牵拉摆臂（牵拉位）

6. 静力性皮筋牵拉

动作要领：双手各握一条皮筋（皮筋固定端的高度约为 130 厘米），水平向内拉伸到两手间距为 30 厘米左右后，保持静力性对抗。身体保持正直站立，两臂要尽量保持静止，并保证间距不变，如图 4-56。该练习要保证一定的练习时间。

图4-56　静力性皮筋牵拉

7. 牵引跑

动作要领：将橡皮筋套在练习者的腹部，另一端由同伴抓住，或固定在肋木上。练习者躯干较大前倾，用力向后蹬，后面的同伴牵着皮筋给予适当的阻力，顺着向前跑，如图4-57。

图4-57　牵引跑

（四）借助辅助器械的力量练习

1. 双杠臂屈伸

动作要领：身体保持正直，目视前方，两手宽握双杠，屈臂使身体下降，然后再伸臂把身体撑起，如图4-58、图4-59。屈臂时尽可能使身体降低一些，不要借力，反复进行。此动作也可在脚上系重物或穿沙背心进行练习。

图 4-58 双杠臂屈伸（起始位）

图 4-59 双杠臂屈伸（屈臂位）

2. 悬垂举腿（肋木）

动作要领：两手同肩宽，上举握住肋木，身体悬垂，然后两腿伸直或稍屈向上举至水平或头部位置，反复练习，如图 4-60、图 4-61。若想加大难度，可以两脚夹实心球进行练习。另外，也可以在单杠上进行。

3. 健身机俯卧挺身

动作要领：俯卧在器械上，手臂置于头的两侧，大腿放在腿垫上，使髋部位于腿垫上，留有移动空间。通过弯曲腰部使身体向下，背部挺直，抬起身体，直至躯干与腿平行，重复上述动作，如图4-62、图4-63。

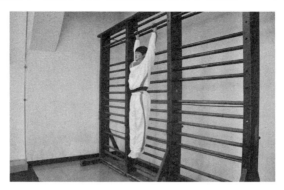

图 4-60 悬垂举腿（起始位）

图 4-61 悬垂举腿（举腿位）

图 4-62 健身机俯卧挺身（起始位）

图 4-63　健身机俯卧挺身（挺身位）

4. 健身机仰卧起坐

动作要领：仰卧在器械上，双手置于头的两侧，腰腹肌收缩使躯干抬起并靠拢大腿，然后后仰还原，反复进行仰卧起坐的动作，如图 4-64、图 4-65。有一定训练水平的练习者可持杠铃片增加练习的负荷。

5. 踝关节控制能力

动作要领：单足或双足踩在球上，双臂微分开以控制平衡，练习踝关节的控制能力，如图 4-66。

图 4-64　健身机仰卧起坐（起始位）

图 4-65 健身机仰卧起坐（坐起位）

图 4-66 踝关节控制能力

6. 侧卧同侧足肘支撑

动作要领：身体侧卧于体操垫上，通过同侧的肘部和足部支撑身体，将异侧腿平伸，身体呈一条直线，尽量保持身体不出现晃动，如图 4-67。该练习要保持一定的时间。

7. 侧卧对侧足肘支撑

动作要领：身体侧卧于体操垫上，通过对侧的肘部和足部支撑身体，将异侧腿屈膝前伸，身体正直，并保持稳定，如图 4-68。

图 4-67 侧卧同侧足肘支撑

图 4-68 侧卧对侧足肘支撑

8. 腹桥八级

练习方法：该练习共由八个动作组成。第一个动作是双腿双肘俯撑 60 秒；第二个动作是保持身体姿势不变，将右臂向前平伸 15 秒；第三个动作是伸左臂 15 秒；第四个动作是伸右腿 15 秒；第五个动作是伸左腿 15 秒；第六个动作是同时伸左臂和右腿 15 秒；第七个动作是右臂和左腿 15 秒；第八个动作是还原第一个动作，即双腿双肘俯撑 30 秒。共计三分钟，如图 4-69 至图 4-76。

图 4-69 腹桥八级（双腿双肘俯撑）

图 4-70 腹桥八级（伸右臂）

图 4-71 腹桥八级（伸左臂）

图4-72 腹桥八级（伸右腿）

图4-73 腹桥八级（伸左腿）

图4-74 腹桥八级（伸左臂和右腿）

图 4-75　腹桥八级（伸右臂和左腿）

图 4-76　腹桥八级（双腿双肘俯撑）

动作要领：在整个练习过程中，身体保持直立姿势；髋关节不能前凸后翘，也不能左右撅凸；在伸腿伸臂的时候尽量保证身体姿势不变。

9. 仰卧膝手对抗

动作要领：仰卧于体操垫上，双手五指交叉，推于大腿前端，腿部屈膝上抬，上体起坐，手和腿做静力性的对抗，如图 4-77。腿和上体要协调配合，有团身之意；手与腿的对抗要持续一段时间，维持约两秒钟的时间。

图 4-77 仰卧膝手对抗

10. 仰卧足夹球慢绕环

动作要领：仰卧于体操垫上，双臂放于身体两侧以维持平衡，双腿伸直，两脚之间夹住一个实心球，以髋关节为轴心进行绕环，如图4-78、图 4-79。所选实心球不必太重，以双腿能够夹住不掉下为宜；绕环的时候速度要尽量慢。

图 4-78 仰卧足夹球慢绕环（绕左）

图4-79 仰卧足夹球慢绕环（绕右）

11. 俯卧转髋摆腿

动作要领：俯卧于体操垫上，双臂放于体侧以维持平衡，其中一条腿放松伸直，另一条腿在髋关节的带动下，屈膝摆腿，尽量用脚尖去碰触其对侧的手掌，尽量做到手脚相触，体会背部用力的感觉，如图4-80、图4-81。

图4-80 俯卧转髋摆腿（转右）

图 4-81　俯卧转髋摆腿（转左）

12. 瑞士球俯撑

动作要领：双手放在体操垫上撑住身体，双脚依次放在瑞士球上，身体保持直立，髋关节保持稳定，通过躯干的力量调整身体以维持平衡，如图 4-82。对于初学者来说，可将整个足面，甚至小腿放在球面上，熟练之后，可仅用脚尖触及球面。

图 4-82　瑞士球俯撑

13. 瑞士球俯撑前摆腿

动作要领：双手放在体操垫上撑住身体，仅用一只脚放在球上保持俯撑姿势，另一条腿屈膝前摆，如图 4-83。身体姿势保持竖直，前摆要以保证身体平衡为前提，要由缓到快，循序渐进。

图 4-83　瑞士球俯撑前摆腿

14. 瑞士球动态手肘支撑

动作要领：双手放在体操垫上撑住身体，双脚放在球上，右臂继续伸直支撑，左臂屈肘后置于垫上，随后左臂不动，右臂屈肘置于垫上，然后左臂伸直，以后撑垫，继而是右臂伸直，循环反复，手肘交替支撑，如图 4-84 至图 4-88。在整个练习过程中，要以保持身体平衡为前提；手肘交替时，身体保持正直，髋关节不屈不挺。

图 4-84　瑞士球动态手肘支撑（双臂伸直）

图 4-85 瑞士球动态手肘支撑（左臂屈肘右臂伸直）

图 4-86 瑞士球动态手肘支撑（双手屈肘）

图 4-87 瑞士球动态手肘支撑（左臂伸直右臂屈肘）

图 4-88　瑞士球动态手肘支撑（双臂伸直）

15. 瑞士球直腿挺髋

动作要领：仰卧于体操垫上，双足依次放到瑞士球上（根据习练者的情况不同，自行确定足部与球的接触面积，接触面积越小则难度越大），随后伸腿挺髋，以肩背部和足部支撑身体，如图 4-89。

图 4-89　瑞士球直腿挺髋

练习时，身体要绷紧，但是不能僵硬，要能够随时调整身体，以维持平衡；要保证练习时间，才能达到良好的效果。

16. 单足瑞士球屈膝挺髋

动作要领：仰卧于体操垫上，双足依次放到瑞士球上（根据习练者的情况不同，自行确定足部与球的接触面积，接触面积越小则难度越大），然后一条腿屈膝，踏在球上，另一条腿伸直，在支撑腿和肩肘部的配合下伸髋上挺，如图 4-90、图 4-91。整个练习要以保证身体稳定为前提；尽量减少支撑面积，从而提高练习的难度。

图 4-90　单足瑞士球屈膝挺髋（屈髋位）

图 4-91　单足瑞士球屈膝挺髋（挺髋位）

17. 瑞士球屈膝挺髋

动作要领：仰卧于体操垫上，双足依次放到瑞士球上（根据习练者的情况不同，自行确定足部与球的接触面积，接触面积越小则难度越大），然后双腿屈膝，双足踏在球上，在支撑腿和肩肘部的配合下伸髋上挺，如图4-92、图4-93。整个练习要以保证身体稳定为前提；尽量减少支撑面积，从而提高练习的难度。

图4-92　瑞士球屈膝挺髋（屈髋位）

图4-93　瑞士球屈膝挺髋（挺髋位）

练习要求：

1. 紧密结合板鞋项目特点安排力量训练，注意正确的技术要点。

2. 练习时要使肌肉充分拉长和收缩，练习后要使肌肉充分放松。

3. 力量练习时要全神贯注，注意安全。

4. 力量素质的发展既要全面，又要有重点。

5. 进行力量训练时要掌握正确的呼吸方法。

6. 训练中要采用大负荷与循序递增负荷。

7. 应偏重摆动的动力性练习。

8. 力量训练应贯穿全年的训练当中。

四、柔韧素质的训练

通常柔韧素质练习的形式主要有主动或被动的静力性拉伸、主动或被动的动力性拉伸两类。适合板鞋运动需要的具体柔韧性练习主要有：

1. 单人正压肩、双人压肩

单人正压肩、双人压肩如图 4-94 和图 4-95。

图 4-94 单人正压肩

图 4-95 双人压肩

2. 背靠背牵拉

背靠背牵拉如图 4-96、图 4-97。

图 4-96　背靠背牵拉（起始位）

图 4-97　背靠背牵拉（牵拉位）

3. 单人体侧牵拉

单人体侧牵拉如图4-98。

图4-98　单人体侧牵拉

4. 跪姿后倒

跪姿后倒如图4-99、图4-100。

图4-99　跪姿后倒（起始位）

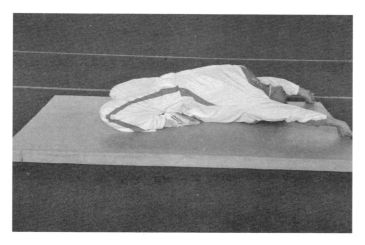

图 4-100 跪姿后倒（后倒位）

5. 踝关节牵拉

踝关节牵拉如图 4-101。

图 4-101 踝关节牵拉

6. 肋木正压腿

肋木正压腿如图 4-102。

图 4-102　肋木正压腿

7. 体侧摆腿

体侧摆腿如图 4-103、图 4-104。

图 4-103　体侧摆腿（左摆）

图 4-104 体侧摆腿（右摆）

8. 纵劈叉、横劈叉

纵劈叉、横劈叉如图 4-105 和图 4-106。

图 4-105 纵劈叉

图 4-106 横劈叉

163

9. 弓步压腿、侧压腿

弓步压腿、侧压腿如图 4-107 和图 4-108。

图 4-107 弓步压腿

图 4-108 侧压腿

10. 屈膝坐侧压腿

屈膝坐侧压腿如图 4-109。

11. 后屈单拉腿

后屈单拉腿如图 4-110。

12. 转髋跳

转髋跳如图 4-111、图 4-112。

图 4-109　屈膝坐侧压腿

图 4-110　后屈单拉腿

图 4-111　转髋跳（左转）

图 4-112 转髋跳（右转）

13. 正踢腿

正踢腿如图 4-113、图 4-114。

图 4-113 正踢腿（后摆位）

图 4-114 正踢腿（前踢位）

14. 后摆腿

后摆腿如图 4-115、图 4-116。

图 4-115 后摆腿（前摆位）

图 4-116 后摆腿（后摆位）

15. 后下屈体

后下屈体如图 4-117。

图 4-117 后下屈体

16. 后拉腿

后拉腿如图 4-118。

图 4-118 后拉腿

17. 双臂体后拉肩

双臂体后拉肩如图 4-119。

图 4-119　双臂体后拉肩

18. 闻靴式

闻靴式如图 4-120。

图 4-120　闻靴式

19. 双腿交叉体前屈

双腿交叉体前屈如图 4-121。

图 4-121 双腿交叉体前屈

练习要求：

1. 循序渐进，持之以恒。

2. 在全面发展各部位柔韧性的基础上，重点练习板鞋所需柔韧性。

3. 柔韧素质的发展应与力量素质发展相适应。

4. 柔韧练习之后应结合放松练习。

五、灵敏素质训练

1. 各种球类练习。

2. 各类节奏感练习。

3. 发展平衡性的练习。

4. 提高反应能力的练习。

练习要求：

1. 练习方法、手段应多样化，并经常改变。

2. 掌握一些板鞋竞速的基本动作。

3. 应结合板鞋竞速技术要求进行训练。

4. 合理安排训练时间，练习后要有足够的间歇时间。

5. 灵敏素质练习时应注意消除练习者的紧张心理。

第二节　板鞋竞速运动的技术训练

一、板鞋竞速技术训练的要求

板鞋竞技成绩的好坏，在很大程度上取决于运动员掌握的板鞋竞技技术。训练时，要循序渐进，不能急于求成，要注意以下几个方面。

1. 开始训练时，不应过分强调快速跑，以防片面追求频率，造成因过分紧张而引起的失误。要先让运动员了解正确的板鞋竞技技术和训练要求。

2. 技术训练中，经常会遇到技术失误，如果长期不能改变，那么变换练习者的前后站位则是必需的。

3. 要反复强调掌握自然轻快、步幅大的途中跑技术，很好地使肌肉用力和放松交替工作，注意两腿蹬、摆动作的协调配合，以及正确的上体姿势和摆臂技术。同时，还应加强起跑和起跑后加速跑的技术训练。

4. 技术训练要贯穿整个训练过程，同时对有助于改进技术的各种专门练习也要多练。如小步跑、高抬腿跑、后蹬跑等练习，有助于改进途中跑技术和提高放松、协调能力。

5. 技术训练还要从实战需要出发，不仅要练基本技术，还要练完整技术和全程技术，并应在大强度训练中使技术不断完善。

6. 技术训练应在运动员体力充沛、兴奋性较高的情况下进行。通常安排在训练的前半部。

7. 合理的技术必须符合实战的需要，无论速度快慢，保持稳定的节奏非常重要。

8. 随着技术不断提高，需要通过高强度的重复跑和间歇跑来满足赛时需要。

9. 通过板鞋专项所需的素质训练，以满足板鞋快速跑技术的需要。

二、板鞋竞速接力跑技术训练

板鞋竞速接力跑的训练重点应放在提高跑速和改进传接棒技术上。每个队的跑速是提高全队跑速的基础，需花大力气提高每个队的跑速。良好的传接棒技术可以使接力跑成绩明显提高。因此，接力跑训练应作为板鞋竞速训练的一部分，而且要使板鞋训练与接力跑传接棒技术训练统一起来。在日常的训练中，应利用可能的机会进行传接棒技术练习。在既完成板鞋训练负荷，又能改进传接棒技术的情况下，达到二者的统一。此外，接力队员稳定和长期的配合训练，也是培养全队在快速跑进中使传接棒技术达到自动化的重要因素。

三、板鞋竞速技术训练常用方法

1. 通过影像、技术图片、示范等直观方式学习和掌握板鞋的分解技术和完整技术。

2. 运动员之间的默契配合极为重要。在日常训练中，即使是准备活动，穿板鞋以不同速度和节奏练习走步也要贯穿始终，而且板鞋技术达到很高的水平后仍然要坚持。

3. 穿板鞋用不同速度反复跑，体会不同速度下三人跑的技术动作。

4. 变换步长、步频反复跑和变速跑，体会不同节奏下每个人的肌肉用力感觉。

5. 变换节奏跑，加强三人配合的默契程度，提高在跑动中出现动作紊乱及时调整步伐的能力。

6. 听节奏和设置步长标志物改进步频及步长技术。

7. 进行已超过比赛距离且高强度的间歇式板鞋训练，加强练习者在后半程或接近终点时保持技术动作稳定性的能力。

第三节　板鞋竞速运动的协同配合训练

板鞋竞速运动是一项三名运动员一起将足套在同一双板鞋上的竞速运动，其属于小团队项目，由于其对三人的协同配合能力、默契程度要求较高，所以协同配合性训练就显得尤其重要。

一、协同配合

（一）走板练习

1. 动作方法：三人穿好板鞋后，在统一的口令下向前行进。

2. 动作要领：1 号运动员在走板的时候双臂随着双腿走步的节奏自然地前后摆动，2、3 号运动员双手必须紧紧扶稳前方运动员的腰部并用力固定好，尽量使三个人在走动的时候身体不左右晃动，步幅大小一定要统一，三名运动员身体重心稍向前倾。

（二）小跑练习

1. 动作方法：在田径小步跑的基础上双腿做小幅度的摆动，前脚掌做扒地运动。三人一字排开，按照跑板顺序从左到右（分别为1、2、3号），2号运动员双手置于1、3号运动员腰部并加以固定，1、3号运动员内侧手臂交叉置于2号运动员后颈部，外侧手臂进行摆臂动作，三名运动员上体应形成一个整体，下肢动作步幅和步频保持一致，做动作时三人须有统一的口令提示，做法可分为原地和行进。

2. 动作要领：三人动作一定要协调统一，动作一定要标准到位，前脚掌交换着地，支撑脚一定要蹬直，外侧运动员摆臂协调有力，三人上体保持直立，重心上提。

（三）弓步走练习

1. 动作方法：在弓步走的基础上三人一字排开，按照顺序从左到右（分别为1、2、3号），2号运动员双手置于1、3号运动员腰部并加以固定，1、3号运动员内侧手臂交叉置于2号运动员后颈部，外侧手臂进行摆臂动作，三名运动员上体应形成一个整体，下肢动作步幅和步频保持一致，做动作时三人须有统一的口令提示，做法可分为原地和行进。

2. 动作要领：弓步幅度大，后腿一定要伸直，抬头挺胸，目光直视前方。向前弓步迈腿时，一定要注意三人的抬腿高度及步幅要一致，身体重心应随着两腿的交换有节奏地起伏。起身时，三人一定要同时发力。重心下压时，三人的上体也一定要同时下降，节奏要统一（前后队形的弓步走动作要领同左右队形弓步走一致）。

（四）侧交叉跑练习

1. 动作方法：以田径侧交叉步跑为原型，三人一字排开，1号运动员两臂侧平举，保持身体平衡，2、3号运动员分别将双手虎口向上叉住1、2号运动员腰部并加以固定，三人同时抬起同一侧的腿做侧交叉步跑。

2. 动作要领：三名运动员身体重心保持一致，1 号运动员双臂伸开保持身体平衡，2、3 号运动员紧紧叉住前方运动员腰部形成一个整体，迈步方向统一，步幅、步频一致，髋关节应灵活转动，身体不应有过大的扭动。

（五）原地高抬腿练习

1. 动作方法：三人成一字排开，2 号运动员双手置于 1、3 号运动员腰部并加以固定，1、3 号运动员内侧手臂交叉置于 2 号运动员后颈部，外侧手臂进行摆臂动作，三名运动员上体应形成一个整体，做动作时三人须有统一的口令提示。

2. 动作要领：三人动作统一，抬腿高度一致，上体立直，外侧手臂摆动有力，交换腿时脚跟不能接触地面。

二、默契配合

（一）行进高抬腿练习

1. 动作方法：三人成一字排开，2 号运动员双手置于 1、3 号运动员腰部并加以固定，1、3 号运动员内侧手臂交叉置于 2 号运动员后颈部，外侧手臂进行摆臂动作，三名运动员上体应形成一个整体，同时向前做高抬腿跑。

2. 动作要领：三人身体重心稍向前倾，同时向前跑出，抬腿高度一致，步幅、步频一致。

（二）竹竿原地弓步跳换练习

1. 动作方法：三人立直站好，将一根长 2.5~3.0 米的竹竿置于脑后，三人将双手掌心向前，大拇指向下握住竹竿，三人同时做原地弓步跳换练习。

2. 动作要领：三人动作一致，特别是起跳高度、起跳时机一定要保持高度一致。

（三）台阶蹲伸练习

1. 动作方法：三人平行站于台阶边缘，同时面向一个方向，2、3号运动员将双手置于前方运动员腰部，三人重心置于内侧脚，将外侧脚同时离地悬空，待重心调整好后三人同时将支撑脚弯曲60°左右后再伸直，如此重复，在练习到一定数量后，交换支撑腿进行练习。

2. 动作要领：三人重心一定要保持好，不能摇晃，蹲伸的时候速度不宜太快，三人进行下蹲时站立腿的弯曲程度应保持一致。

（四）三人四足跑练习

1. 动作方法：三人直立站好一字排开，用布带将三人相邻队员的脚固定好，布带要宽紧适中。中间运动员的动作要与两边运动员的相反。例如，在同一口令下三人同时向前跑出时，两边运动员同时迈右脚，但中间运动员需要迈左脚。

2. 动作要领：用布带固定时不宜固定得太紧，否则会影响脚踝的灵活性，三人一定要有统一的口令，步幅一致，适当照顾中间运动员或以中间运动员步幅为主。

（五）左、右跨步走练习

1. 动作方法：以向左跨步为例，三人站于板鞋上做好准备姿势，在口令下三人同时将左脚向左横跨一步，身体重心向左移动。左脚着地后，将右脚向左脚靠拢，以此类推，动作连续不断。

2. 动作要领：抬脚跨步的时候，三人一定要保持好身体重心不能有太大的晃动，三人身体不能向前屈或向后伸，跨步幅度一定要统一，不宜太大（ 50~80 厘米），最好根据运动员的实际情况而定，例如熟练程度、运动员身高等，动作一定要连贯。

（六）行进蛙跳练习

1. 动作方法：三人直立站好，将一根长 2.5~3.0 米的竹竿置于脑后，三人将双手掌心向前，大拇指向下握住竹竿，三人同时做蛙跳向前行进。

2. 动作要领：三人动作一致，下蹲时一定要深蹲，起跳高度、起跳时机一定要保持高度一致。

（七）背靠背原地蹲跳练习

1. 动作方法：三人背靠背蹲着并紧贴在一起，前脚掌着地后脚跟离地，肘关节相互交叉用力锁紧，在口令下统一连续半蹲跳。

2. 动作要领：三人动作一致，下蹲时一定要全蹲，前脚掌着地，三人肘关节一定要锁紧，起跳连续，保持动作高度一致。

第四节　板鞋竞速运动的训练计划制订

一、制订板鞋竞速训练计划的要求

1. 板鞋竞速运动水平的提高，需要长期、系统、有针对性地训练。在训练过程中，身体素质是基础，板鞋技术是关键。在整个训练周期中，板鞋技术训练贯穿始终，并且通过不断完善的板鞋技术促进各项专项素质的提高。

2. 板鞋竞速项目的特殊性决定了运动员之间必须要有密切的配合，

这种配合不仅仅是技术、身体素质上的配合，更为重要的是彼此之间团结协作的精神，宽容、理解、支持的态度，勇于拼搏、战胜困难的品质和毅力。

3. 板鞋竞速训练目的是提高运动水平。此外，还需要全面提高练习者在训练中出现问题时发现、分析、解决问题的综合能力，以及享受在训练中锻炼、增进健康、提高成绩给自己带来的快乐。

二、板鞋竞速训练计划范例

表 4-1 是为初学者提供的一个比较适宜的训练计划，练习者可根据自己的实际情况进行调整。通常经过一个学期的系统练习（每周保证至少 3 次的训练），练习者会有明显的进步，主要表现在：

1. 比较熟练地掌握板鞋全程跑技术。

2. 可以承受强度更大的训练负荷。

3. 训练成绩稳步提高。以男子为例，100 米板鞋训练成绩轻松进入 18 秒，60 米进入 11 秒，这个成绩将会给练习者增强信心，为争取更好成绩而努力训练。

4. 各项身体素质均衡提高，特点是呼吸、循环、运动等系统的功能明显改善。

5. 经过克服各种困难，练习者学会团结协作的精神。

表 4-1　初学者一学期训练计划范例

阶段划分	第一阶段	第二阶段	第三阶段	第四阶段
时间划分	1—4 周	5—8 周	9—12 周	13—16 周
主要任务	1. 介绍板鞋竞速的起源、发展及比赛规则。 2. 学习板鞋竞速的基本技术。 3. 全面发展一般身体素质。 4. 培养学生的意志品质。	1. 逐步提高专项所需的各项身体素质。 2. 进一步改进板鞋技术。 3. 培养学生的意志品质。 4. 培养学生团结协作的精神。	1. 根据练习者的实际情况进行针对性训练，改进和提高专项素质和技术。 2. 不断提高板鞋竞速专项成绩。 3. 培养学生分析问题和解决问题的能力。	1. 重点加强对影响专项成绩提高的素质练习。 2. 进一步完善板鞋竞速全程跑技术。 3. 通过多种手段培养练习者的参赛能力。 4. 培养学生组织训练的能力。
内容及比重	1. 力量素质（20%）。 2. 速度素质（10%）。 3. 专项耐力（10%）。 4. 一般耐力（10%）。 5. 技术训练（50%）。	1. 力量素质（30%）。 2. 速度素质（15%）。 3. 专项耐力（15%）。 4. 技术训练（40%）。	1. 力量素质（25%）。 2. 速度素质（15%）。 3. 专项耐力（30%）。 4. 技术练习（30%）。	1. 力量素质（20%）。 2. 速度素质（20%）。 3. 专项耐力（20%）。 4. 技术训练（30%）。 5. 比赛能力（10%）。
负荷量	增大	增大	增大	下降

第五章

板鞋竞速常见损伤及处理

第一节　板鞋竞速运动常见损伤概况

板鞋竞速是一个集竞技、娱乐、健身、欣赏等多种功能于一体的民族传统体育项目。在短短的几年中，我国许多地区，特别是一些中小学开始普及、推广这项运动。然而，在练习板鞋时，一些运动损伤现象频频出现，这也成为困扰其普及和发展需要面对的问题。摸清这一刚刚兴起的民族传统体育竞赛项目的运动损伤情况，把握损伤的常见部位、类型、程度、原因等，可以有效预防和减少运动损伤的发生。

一、损伤原因

板鞋竞速运动损伤原因主要包括以下几种。

1. 练习时间过久，造成脚掌内外侧磨伤；练习时间过久引发的疲劳也会导致部分踝关节扭伤及大小腿肌肉拉伤的发生。

2. 因技术配合不正确或不熟练而摔倒是造成手掌擦伤、其他擦伤、膝关节磕碰伤、踝关节扭伤、腕关节及肘关节挫伤等的主要原因。

3. 器材不合适引发部分脚掌内外侧挤磨伤及踝关节扭伤。

4. 准备活动不充分造成大小腿肌肉拉伤及踝关节扭伤。

5. 从时间上看，板鞋竞速运动损伤主要发生在运动训练早期，特别是在技术学习期间。当训练水平达到一定程度后，脚与器械基本适应，技术配合也已较为熟练后，损伤发生率逐渐减少，随着训练适应性和水平的不断提高，损伤现象，特别是脚掌内外侧挤磨擦伤或起血（水）泡的现象基本消失。

二、损伤部位与类型

表 5-1 比较全面地统计了板鞋运动常见损伤部位和类型。这需要练习者在平时训练中给予关注。通常练习者的损伤多为轻伤，少数为中等损伤，无重伤现象发生，但发生率比较小的踝关节扭伤可能会造成比较大的痛苦，并影响正常的训练，从我们训练的经验看，这种扭伤往往会给练习者带来心理上的阴影。

表 5-1 板鞋竞速运动损伤部位与类型统计

部位	脚掌内外侧	手掌	腕关节	肘关节	膝关节	踝关节	大小腿肌肉	其他
类型	挤磨伤	擦伤	挫伤	挫伤	磕碰伤	扭伤	拉伤	擦伤
人次	126	84	27	21	78	31	17	14
占比（%）	80.8	53.9	17.3	13.5	50.0	19.9	10.9	9.0
排序	1	2	3	4	5	6	7	8

数据来源：姜钊. 三人板鞋竞速的运动损伤调查分析 [J]. 广西民族学院学报（自然科学版），2003（3）：75-76.

总之，板鞋运动轻微损伤现象相当普遍，练习者应重视对练习时间的合理控制。同时，做好技术配合的正确性和熟练性的教学与训练，特别注意要循序渐进，遵循技能形成规律进行教学与训练。指导板鞋运动的教师应加强预防损伤与安全意识教育，最大限度地预防和减少运动损伤的发生。另外，器材生产部门应加强器材研究与改进工作，为使用者提供更为科学、合理的板鞋运动器材。

第二节　板鞋竞速运动损伤的处理

　　板鞋竞速运动中的损伤与训练过程及各环节之间通常呈现密切的对应关系。若某一训练环节出现问题，则可能引发身体特定部位造成相应的损伤。反之，通过观察身体在训练过程中所受损伤的具体部位，亦可推断出在该训练环节中究竟是哪个环节出现了问题。因此，对于板鞋竞速运动中所发生的运动损伤，必须以严谨认真的态度进行妥善处理和总结，这在板鞋竞速运动的教学、训练过程中显得尤为关键。

一、擦伤

　　在板鞋竞速运动中，擦伤通常源自技术组合运用不当或者操作生疏所导致的跌倒现象，其主要症状表现为皮肤表层脱落，伴有少量出血点以及组织液的渗漏。若伤口未遭致病菌感染，则易于干燥并形成痂皮进而实现愈合；反之，若伤口遭受了细菌感染，那么局部区域可能会出现化脓现象，同时伴随有分泌物的产生。对于较小的擦伤面积，可以采用过氧化氢或者浓度为1%~2%的龙胆紫进行涂抹处理；而针对面部擦伤，建议使用0.1%新洁尔灭溶液进行涂抹。

　　当皮肤受到大面积创伤且深度较深时，容易遭到污染物侵袭，故需采用2.5%浓度的碘酒以及75%浓度的酒精对创口周边进行消毒处理。此外，还需要使用无菌生理盐水棉球清除创口内部的杂质和异物，随后外敷无刺激性的生理盐水或者1%浓度的雷弗奴尔纱布，最后通过绷带包扎确保伤口得以妥善保护。对于已发生感染的伤口，建议每天或每隔一天更换敷料并配合内服或注射抗生素以控制炎症反应。

由于板鞋竞速比赛场地的特殊性以及高速跑进等特性，练习者在训练过程中所遭受的擦伤通常属于轻度擦伤级别，这类型的擦伤大多并不会对练习者的日常训练产生太大的影响。然而，由于伤口所带来的疼痛感，使练习者在进行某些技术动作时可能会出现动作变形的现象。因此，作为教练员应该在练习者受伤期间，通过强化他们的身体素质训练和耐力训练来维持他们的体能水平。一般来说，板鞋竞速运动中的擦伤能够在相对较短的时间内得到有效的康复。

二、挫伤

挫伤，即人体的某个特定部位通过受到与锐利物体相对的钝性力量冲击所导致的封闭性的内部组织损害。同样，板鞋竞速运动中的挫伤也是由于运动员彼此间技术配合不当或者熟练程度不足所引发的摔倒事故而导致的另一类伤害。在这项高速竞技的运动项目中，位于队伍前列的运动员往往因为跌倒后用手支撑地面而更易发生腕关节以及肘关节的挫裂伤。对于单纯的肌肉挫裂伤，病情轻者仅表现为局部的疼痛、压迫感、肿胀以及功能受限等症状；然而，病情严重者可能会因为皮下出血而形成血肿或者瘀斑，同时伴随较为显著的疼痛和功能障碍。当在板鞋竞速运动的训练过程中遭遇挫伤时，应当立即对受伤部位进行冰敷处理，随后涂抹新的创伤药物并进行加压包扎，同时将患侧肢体抬高。对于病情严重的患者，应当将其肢体进行妥善包扎固定之后，迅速送往医院接受进一步的治疗。挫伤的康复进程较为缓慢，且恢复周期较长，因此在训练和比赛期间，必须加强必要的防护措施，提升自我保护意识，并且及时纠正错误的动作姿势。

三、拉伤

因肌肉自主地强力收缩或者在外力过度拉扯之下所引发的微小肌肉损伤、肌肉部分撕裂甚至完全断裂现象，称之为肌肉拉伤。对于板鞋竞速运动的训练过程而言，过度的训练时长往往是导致出现部分踝关节扭伤以及大小腿肌肉拉伤的主要原因；而在进行准备活动时，活动不足同样也是导致大小腿肌肉拉伤及踝关节扭伤的重要原因之一。

在板鞋竞速运动项目中，由于前期准备活动的程度不足，使得腿部肌肉的生理机能未能达到适应运动需求的最佳状态。同时，如果训练水平尚待提高，肌肉的弹性和力量便会相对较弱。过度疲劳或者承受过大负荷，都会导致肌肉的机能下降，力量减弱，协调性降低。此外，错误的技术动作或者在运动过程中注意力分散，也容易导致摔倒。而气温过低、湿度过大，或是场地和器械的质量不佳等，也都可能成为诱发肌肉拉伤的潜在风险。在板鞋竞速运动中，大腿后群肌肉的拉伤最为常见，而小腿三头肌则是另一个容易受到肌肉拉伤影响的部位，这两者之间的关联性与运动技术动作有着紧密的联系。

肌肉拉伤通常表现出以下症状：局部疼痛、按压痛、肿胀、肌肉紧张、僵硬、痉挛、功能受限等。当受伤的肌肉自主收缩或者被外力拉长时，疼痛感会进一步加剧。肌肉收缩抗阻试验呈阳性反应，即疼痛感加剧或者出现断裂的凹陷现象。部分患者在受伤时可能会感到剧烈疼痛、撕裂感，肿胀情况较为明显，且伴有严重的皮下瘀血现象，若触摸局部发现存在凹陷以及一端异常隆起的情况，那么很可能已经出现了肌肉断裂的状况。

对于肌纤维轻度拉伤或者肌痉挛的患者，采用针刺疗法往往能够获得显著的治疗效果。对于肌纤维部分断裂的患者，早期需要采取冷敷、加压包扎的处理方式，同时还需将患肢置于使受伤肌肉得以放松的位置以缓解疼痛，48 小时之后方可开始进行按摩治疗，手法务必轻柔，可考虑进行痛点封闭注射：曲安奈德注射液 20～40mg、加利多卡因注射液 0.5mL 或复方当归注射液 2～4mL。如怀疑存在肌肉、肌腱完全断裂的情况，应当在局部施加压力进行包扎，固定患肢，并及时送往医院进行诊断，必要时还需接受手术治疗。对于肌纤维部分断裂的患者，建议局部暂停训练 2～3 天，在此期间健肢以及其他部位仍可正常活动。随后逐步开展功能锻炼，但应尽量避免进行可能再次导致受伤的动作。一周后可逐渐增加肌肉的力量和柔韧性练习。在进行伸展练习时，应确保不会增加受伤部位的疼痛感。10～15 天之后，症状基本消失，此时可逐渐恢复正式训练。训练过程中受伤部位必须佩戴保护支持带，并且充分做好准备活动。对于肌肉、肌腱完全断裂或撕脱骨折的患者，应立即停止训练，完全休息，积极接受治疗，伤后训练和专项训练均应在医生的指导下进行。

四、磨伤

在板鞋竞速这项运动当中，长时间的连续训练往往是导致足底两侧及脚趾位置承受过多摩擦压力，进而产生磨伤的主要原因之一。除此之外，装备质量不佳亦是诱发足底部位和踝关节不同程度损伤，如积压伤和扭挫伤的另一重要原因。若未能及时有效地进行医疗处理，很有可能会进一步恶化并转化为腱鞘炎这样的慢性疾病。

板鞋竞技作为一个团队合作性质的体育项目，要求参与者必须保持步伐协调一致，齐心协力，默契配合，共同完成规定的动作。因此，在向前跳跃的过程中，为了避免护皮脱落，运动员们通常会将脚尖微微抬起，使其与护皮紧密贴合。然而，由于这种特殊的运动方式以及护皮本身的弹性限制，使得运动员的足部容易受到不同程度的磨损，主要集中在足底两侧及脚趾区域。轻度的磨损主要表现为皮肤表面的擦伤，水疱形成，极少出现流血情况，但通常伴有组织液的渗出，疼痛感相对较轻，没有明显的剧烈疼痛。在日常的板鞋训练过程中，并未发现严重的磨损情况。因此，绝大部分的运动员都能够坚持训练。当出现磨伤情况时，可以通过在受伤部位缠绕具有弹性的绷带来进行保护，同时在训练期间适当降低运动强度。待磨伤症状得到缓解之后，皮肤会在原先受伤的部位逐渐增厚，形成老茧，从而达到保护易受磨损部位的效果。磨损的康复速度较为迅速，运动员通常能够快速恢复，重新投入到训练或者比赛之中。

导致足部磨伤的主要原因还包括板鞋的重量过重、护皮过于坚硬等。因此，在训练过程中，应当选择重量适中且具有良好柔韧性的护皮，以最大限度地保障运动员的身体健康。此外，还需合理制订训练计划，避免局部过度负荷，在运动过程中可以使用护具和支撑带来增强易受损部位的保护力度。在运动前和运动后，务必进行充分的热身和拉伸运动，同时结合运动后的按摩和热敷，这些措施对于预防足部磨损可以起到显著的作用。

五、踝关节、腰部的扭伤

在板鞋竞速这一体育项目中的损伤情况主要集中于踝关节部位，其次为腰部。长时间的练习、技术运用不当或生疏、场地与器材（尤其是器材）的不适宜性以及准备活动的不足等均被视为导致踝关节扭伤的主要原因。此外，在比赛过程中意外跌倒及外部力量的压迫也是导致腰部扭伤的重要原因。

在板鞋竞速运动中，踝关节和腰部的扭伤往往由跌倒所致，其次则是由于准备活动不充分，从而导致动作变形进而引发扭伤。值得注意的是，与其他类型的伤病有所区别，一旦发生扭伤，运动员将无法继续正常的训练活动，通常需要暂停训练并进行静养治疗。扭伤的康复进程较为缓慢，恢复周期较长，一旦受伤，运动员可能会长期无法进行正常的训练。当扭伤发生时，应立即采取冰敷措施，对伤处进行固定处理，或者使用冷水冲洗，以减轻肿胀程度；后期可使用红花油或扶他林等药物涂抹患处并进行适当按摩，以加速康复进程。

第三节　板鞋竞速运动的损伤预防

板鞋竞速运动最常见的损伤主要集中在脚部，尤其是足底皮肤的磨损，其次是踝关节部位的扭伤，再者就是膝盖关节处的擦伤。除此之外，还有可能出现肘关节的挫伤、手臂皮肤的擦伤、小腿部位的擦伤、腰部及背部的扭伤、大腿肌肉的拉伤等等。然而，在这些损伤类型中，头部、颈部以及肩膀部位的受伤情况却极为罕见。

对于参与板鞋竞速的运动员来说，他们所面临的大多数都是轻微的损伤，大部分运动员在遭受损伤之后仍然能够坚持训练或者参加比赛。然而，许多运动员之所以会受伤，往往是因为他们缺乏足够的安全意识，或者是场地设施和器材的使用不当，抑或是技术动作不够规范，甚至是受到恐惧情绪等心理因素的影响。除此之外，身体过于疲劳以及准备活动没有做到位等，也都有可能导致运动员身体受到损伤。因此，作为教练人员，应该持续提高运动员的安全意识和自我防护意识，并且选取较为平整的场地，选用合适重量的板鞋，同时配备具有良好弹性的护皮装备，以此来防止运动员在训练过程中受到损伤。另外，教练员还需要关注运动员的体能状况和专项技能水平，以便提高他们的运动表现；同时，也要鼓励队员们加强沟通与交流，以便更快地建立起团队协作精神。在训练和比赛之前，运动员应当积极进行热身运动，以避免肌肉拉伤的发生。此外，佩戴护膝、护踝等防护用具也是一种有效的自我保护方式，可以帮助预防和减轻运动损伤。

板鞋竞速运动损伤现象相当普遍，因此在训练中应注重如下几方面。

一、合理安排练习时间与强度

首先，作为教师或教练有必要深入研究每一次训练课程以及在其中可能容易引发损伤的技术动作，提前做出针对性的准备工作并采取相应的预防措施。在正式开始训练之前，需要认真地进行准备活动，其具体内容和强度应该根据即将进行的活动类型、每个运动员的个体差异以及当前的天气状况来确定。准备活动结束到正式运动开始的间隔时间建议保持在 1~4 分钟，通常只需要让身体产生轻微的热感并且稍微出汗就可以了。在寒冷的冬季，准备活动的强度可以适当加大。为了避免运动损伤的发生，需要合理地安排运动量，特别是要注意运动器官的局部负担以及伤愈之后的训练计划，防止局部负担过重。此外，还应注重加强易受伤部位和相对较弱部位的训练，通过提升局部肌肉力量和关节灵活度，这也是预防运动损伤的一个有效方法。

其次，教练员应当高度重视对练习时间的科学控制，同时也要做好技术配合准确性和熟练程度的教学与训练，特别是要遵循技能形成的客观规律，逐步推进教学与训练。除了加强易受伤部位肌肉的力量和柔韧性锻炼之外，还需充分做好准备活动，合理分配运动量，及时纠正和改善动作和技术方面存在的不足之处等等，只有这样才能够真正实现预防运动损伤的目标。

二、注重技术正确性与配合熟练性

为有效防范板鞋竞速运动中潜在的运动损伤，完整且系统化的教学流程不可或缺。熟练掌握板鞋竞速运动的核心技术，对于提升训练实效以及预防运动损伤具有举足轻重的意义。

板鞋竞速运动的基本技术主要涵盖了预备姿势、行走技术及跑动技术等方面。其中，途中跑这一环节是摔跤次数最为频繁、受伤风险度极高的一部分，因此，教练员在此环节需投入更多关注。途中跑作为三人板鞋竞技全程跑中距离最远、速度最快的一段，其主要职责在于充分发挥并维持最佳速度直至抵达终点。途中跑是一种持续循环的周期性动作，其技术要点包含了三人腿部的后蹬与前摆动作、腾空落地、头部及躯干姿态的协调配合等多个阶段。鉴于板鞋竞速运动是一个由三位运动员共穿一双板鞋共同协作完成的体育项目，因而要求三人的动作步伐必须保持高度协调一致，若有任何一人的动作出现不协调现象，便会立刻引发平衡失调，导致鞋子滑落甚至摔倒，因此务必注重腿部动作与手臂摆动的协调配合。摆动腿应尽可能高抬，支撑腿则需全力后蹬，两臂亦需积极摆动，协同腿部动作，力求缩短腾空时间，减少身体的上下波动幅度，保持身体稳定性，上半身适度前倾，视线始终保持向前平视。板鞋竞速运动的强度颇大，后程的耐力素质更是保持高速奔跑至比赛结束的关键所在；同时，保持稳定的步频与步幅，避免后程因体力不支而丧失对鞋子的掌控能力同样至关重要。在进行弯道跑时，身体应向内侧倾斜，以便获取适宜的向心力以确保人体的稳定及跑动速度。

临近终点之际，三位运动员应保持上半身的前倾角度，加速手臂摆动频率，保持途中跑的高速状态冲刺终点，力争取得优异成绩。鉴于体力状况，在冲线瞬间需特别留意身体位置的调整，防止意外跌倒。在基本保持途中跑姿势的前提下，抵达终点后应逐步降低速度，切勿骤然停止，以免造成损伤。

三、遵循技能形成规律

在板鞋竞速项目的教学与训练中，应采用完整教学法，以便运动员更快更高效地掌握各项技术动作。对于那些相对难以掌握的技术动作，可以运用分解教学法将其合理拆分成多个易于理解的环节，首先专注每个环节的细节教学，然后逐步将这些环节有机结合，从而将原本繁复的动作简化成易于掌握的方式，这对运动员的学习和掌握都具有极大的帮助。在具体的教学过程中，教师需要确保自己的讲解清晰准确，并通过示范让运动员更好地理解和模仿；同时，在教授技术动作时，应遵循由简入繁、由易到难的原则。如首先教授原地踏步，接着学习行进间行走、竞走以及各种变节奏的步伐，再逐步转向急停、起跑、变速和弯道等技巧，最终达到比赛要求的快速奔跑能力。板鞋竞技快走与跑步皆为高强度项目，特别是对抗性训练阶段，运动员必须具备高度的组织纪律性、注意力集中及认真训练的态度，并提升安全意识。同时，教练员也需注重运动员的准备活动及放松练习，以避免运动损伤。综合来看，教练员应采取多元化的教学手段和练习方法，以最大程度地激发运动员的参与热情和学习动力。

四、加强防伤与安全意识

对于板鞋竞速项目的教练团队与选手们而言，必须深入理解并掌握关于运动创伤方面的知识，其中包括导致运动创伤的各种因素、防止运动创伤的基本原则以及具体实施办法，另外还需了解针对常见运动创伤的现场紧急救援措施及处理原则等等。为了最大限度地降低板鞋竞技过程中可能出现的运动损伤风险，教练团队应制订科学合理的训练计划，同时选手们也需要熟练掌握正确的板鞋竞技技巧。因此，在日常的训练环节中，我们务必要遵循由浅入深、循序渐进的原则，切忌盲目追求短期效果而忽视了长期稳定发展的重要性。

第六章

板鞋竞速比赛场地、器材及规则

第一节　板鞋竞速比赛场地、器材

一、板鞋竞速比赛场地

板鞋竞速比赛是在标准的田径场地上进行，标准田径场至少有八条跑道。比赛时每个队分别占用两条跑道，如第一道和第二道合为一道，分道宽变为 2.44~2.50 米，分道线线宽均为 5 厘米。因此每组比赛最多为四个队。比赛可根据需要和场地状况设置跑道的多少。

目前，板鞋比赛的跑道通常为塑胶跑道（如图 6-1），其特点是易于运动员提高成绩，同时对练习者的运动损伤相对较小。此外，在塑胶跑道上使用板鞋，几乎对板鞋没有任何磨损，而土质场地对板鞋磨损极大，需要经常更换板鞋。

图6-1 塑胶跑道

二、板鞋竞速比赛器材

（一）板鞋规格

比赛板鞋由长度为100厘米、宽度为9厘米、厚度为3厘米的木料制成（以三人板鞋为例）。每只板鞋配有三块宽度为5厘米护足面皮，分别固定在规定的距离上。第一块护皮前沿距板鞋前端7厘米，第三块护皮后沿距板鞋末端15厘米，第二块护皮在第一块护皮与第三块护皮的正中间（如图6-2、图6-3）。

图6-2 板鞋规格（鞋面）

图 6-3　板鞋规格（底面）

（二）板鞋的制作与使用

规则规定，比赛使用的板鞋必须由实木构成。板鞋可以购买，也可以自己制作，只要尺寸大小符合竞赛规则即可。如果是在学校中进行板鞋教学，需要量较大，自己制作可大大降低成本。除了板鞋，护皮的选用和制作也很讲究。目前，绝大多数训练队都是自己制作。护皮的基本要求是有一定弹性和韧性，如自行车外胎或汽车轮胎等橡胶制品。厚度应适中，太厚缺少弹性，容易造成脚面及脚内外侧磨损，太薄则容易断裂。护皮选好后就要考虑如何安装。从运动解剖学中可知人的脚背呈弓形，脚背高于脚趾呈一斜面。因此，护皮的安装也应与脚面相一致，即要紧贴脚面。护皮的大小应使脚跟自如地抬起，通常是脚趾刚刚超过护皮为宜。如果护皮太大就会使脚跟无法抬起，致使运动员不能用力后蹬，快速跑进（如图 6-4 至图 6-8）。

图 6-4　运动员穿着板鞋站立位

图 6-5　穿着板鞋站立位特写

图 6-6　运动员穿着板鞋后蹬位

图 6-7　穿着板鞋后蹬位特写

图 6-8　运动员穿着板鞋抬腿位

第二节　板鞋竞速比赛规则

　　板鞋竞速的比赛规则与田径比赛中的竞赛规则相似，但也有许多
独具特色的地方。下面简要介绍下板鞋竞速的规则。

一、板鞋竞速定义

板鞋竞速是由多名运动员一起将足套在同一双板鞋上，在田径场进行的比赛，以在同等距离内所用时间多少来决定名次。

二、比赛办法

（一）起跑

1. 当发令员发出"各就位"口令时，运动员将板鞋置于跑道起跑线前，运动员共同套好板鞋，任何一只板鞋不得触及或超过起跑线。

2. 当听到发令员鸣枪后，运动员方可起动跑进。

（二）途中跑

运动员在比赛中，应自始自终在各自的跑道内进行。如果出现某一名运动员脚脱离板鞋触地或摔倒，须在触地（落地）处重新套好板鞋继续比赛。

（三）终点

1. 计时员的停表以第一名运动员躯干任何部位（不包括头、颈、臂、腿和脚）抵达终点线后沿垂直面瞬间为止。

2. 到达终点时，运动员的身体和板鞋须全部超过终点线后才能离开。

（四）接力比赛

接力赛是指由多名板鞋运动员组成，各组运动员通过完成规定的距离，将接力棒由起点传送到终点的比赛。

1. 接力区。每个接力区长度为 10 米，在中心线前后各 5 米，交接的开始与结束均从接力区分界线的后沿算起。

2. 要求。

（1）接力赛中，运动员应持"棒"跑完全程，接棒运动员应在接力区内等待接"棒"。

（2）队员之间的交接棒必须在接力区内完成，并且以"棒"为准。

（3）队员之间的交接棒必须在脚不脱离板鞋的情况下完成。

（4）完成交接的队员应停留在各自的分道或接力区内，直到跑道畅通后方可离开。

（5）每队服装须统一。

三、计时

全自动电子计时或手动计时均可，电子计时成绩均以百分之一秒为最小计时单位。

四、犯规与判罚

（一）犯规

1. 抢跑：鸣枪前跑进起跑线。

2. 窜道：运动员在比赛过程中窜离本跑道。

3. 比赛中运动员脚脱离板鞋触地，未在原地穿好板鞋。

4. 运动员抵达终点时，两只板鞋的一部分仍未过线，脚与板鞋分离。

5. 运动员在比赛过程中，有阻挡或妨碍其他运动员跑进的行为。

6. 接力赛：

（1）队员在接力区外交接接力棒。

（2）交接棒时脚脱离板鞋。

（3）在退出接力区时，阻挡或妨碍其他运动员跑进。

（二）罚则

1. 抢跑犯规：第一次给予警告，第二次取消犯规者该项目比赛资格。

2. 发生"（一）犯规2—6项"中之一者，取消犯规者该项目比赛资格。

五、名次

1. 板鞋竞速的名次排定以比赛中的决赛成绩决定，时间少者名次列前。

2. 如比赛分预赛、复赛和决赛，则以决赛中的成绩决定，时间少者名次列前。

六、弃权与申诉

（一）弃权

1. 在规定检录时间内三次点名未到场为弃权。

2. 中途退出比赛为弃权，无成绩。

（二）申诉

1. 对运动员参加比赛资格提出异议，应在大会开始前向仲裁委员会或资格审查委员会提出，在未有结果前，应允许该运动员参加比赛。

2. 参赛运动员若对比赛结果有异议，可在比赛结果宣告后30分钟内，向仲裁委员会提出书面申诉，同时交纳申诉费。仲裁委员会依据仲裁条例做出裁决。

3. 大会竞赛部门应负责记录所有成绩宣告的时间。

七、裁判人员及职责

（一）裁判人员

板鞋竞速比赛设裁判长 1 人，副裁判长 1~2 人，检录、发令、检查、计时、终点、记录、宣告等裁判员若干人。

（二）裁判人员职责

1. 裁判长。

（1）全面负责板鞋竞速比赛的裁判工作，保证规则能够贯彻执行；处理发生于大会期间与本规则未做出明文规定的问题。

（2）检查所有有关的比赛成绩，处理有争议的问题。

（3）对有关比赛的抗议或异议做出裁决。有权对有不正当行为的运动员提出警告或取消比赛资格。

（4）有权做出重赛的时间安排决定。

（5）对每场的工作进行检查和总结，对犯严重错误或不称职的裁判员，可作适当处理，必要时可停止其职务与工作。

2. 副裁判长。

（1）协助裁判长领导裁判工作，做好裁判员队伍的事务管理。

（2）当裁判长缺席时，代理其职务，或受裁判长的委托处理有关问题。

（3）根据裁判长的建议，负责编排、记录和公告工作，负责场地、器材等设备的检查管理。

3. 检录主裁判、检录员。

（1）根据竞赛日程安排的检录时间，召集运动员到检录处。

（2）根据规则、规程规定，检查运动员的参赛证、服装、号码和比赛用具等是否符合规则、规程要求。

（3）按预定时间和路线准时、安全地将运动员带入赛场交发令员控制。

4. 主发令员、发令员。

（1）检查运动员所参加的比赛或组别是否有误，组织运动员按其被编排的道次正确地排列在起跑线后 3 米远的集合线上。

（2）主发令员同终点裁判长取得联系完毕后，向运动员发出"各就位"口令，以鸣枪方式发出起跑信号。发令员应协助主发令员记录运动员出发犯规情况。

（3）有权对运动员违反起跑规则的行为给予警告和判罚。

5. 检查主裁判、检查员。

（1）全面监督运动员在比赛中的行为。

（2）如发现运动员或其他人员犯规，应举红旗示意，并立即以书面报告交裁判长；如无犯规情况，即举白旗示意。

6. 计时主裁判、计时员。

（1）各道次计时员接受计时主裁判的统一领导。

（2）采用全自动电子计时或手动电子计时。

（3）每道次计时员负责本道次的计时工作，并由每道次的计时组长将成绩写在成绩记录表内，签字后交计时主裁判。三人手动计时，相同的两个成绩作为该运动员的最终成绩；三个成绩不一致时，取中间成绩作为最后确定成绩。必要时，计时长核查秒表，以核实成绩。

（4）计时主裁判判定每道次的最后成绩并与终点主裁判最后核实各道次的名次、成绩是否有误，准确后才向计时员发出"回表"口令，并提醒计时员准备下一组的比赛计时。

7. 终点主裁判、终点员。

（1）判定每组比赛运动员到达终点的名次。

（2）若判定不一致时，应由终点主裁判做出最后裁定。

（3）若名次与成绩不一致时，应与计时主裁判联系并最后裁定。

8. 记录员。

详细记录由裁判长提供的每个项目的全部成绩，并将成绩表交竞赛部门。

9. 宣告员。

对比赛中各种信息予以宣告，对成绩的宣告应该记录宣告时间。

第三节 板鞋竞速比赛裁判方法

《板鞋竞速竞赛裁判法》是根据板鞋竞速竞赛特点而设计的，它能够帮助裁判员在比赛中依据竞赛规则，根据自己所承担的职责，进行准确、合理操作，保证比赛的顺利进行。《板鞋竞速竞赛裁判法》介绍了裁判员应具备的基本素质和工作程序，以及在不同岗位上裁判员的工作职责，它有助于裁判员更好地完成执法任务，使比赛圆满顺利地进行。

一、裁判长的任务与职责

（一）裁判长的任务

裁判长是全体裁判员的最高组织领导者。具体领导全体裁判员在比赛前认真学习竞赛规则和比赛方法，讨论和明确各裁判组的工作方法，做好各项准备工作；负责审核比赛成绩、裁决对比赛的抗议、最后判定有争议的名次、对运动员的犯规进行判罚等有关事宜；保证项目准时开始比赛；比赛中公正、准确地执行竞赛规则和竞赛规程，确保各项裁判任务的完成。当裁判长认为某项比赛不公正时，可宣布该项比赛无效，做出重赛决定。

（二）裁判长应具备的基本素质

裁判长应具有良好的思想素质，有较高的职业道德品质，作风正派，为人师表，有较高的组织能力和领导水平；具有丰富的板鞋竞速裁判专业理论知识和实际工作经验，熟悉规则并能准确地掌握规则精神，熟悉裁判方法，并在实际工作中组织运用；能善于研究，团结裁判员一道工作；工作严肃认真，敢于要求，能全力做好裁判工作。

（三）裁判长的职责

1. 赛前。

（1）领导裁判组学习竞赛规则、裁判法，学习竞赛规程，熟悉竞赛日程和场地器材设备，研究确定各裁判组的工作方法，制订工作流程和计划。

（2）了解对所领导的主裁判和裁判员的业务和工作水平，以便在分配工作时充分发挥他们的特长和能力。

（3）了解编排情况，重点审查比赛秩序和各项目在每单元的安排情况，精确估计时间，保证各项比赛按时开赛和结束。

（4）根据板鞋竞速比赛的实际需要，学习研究裁判方法，按照统一要求运用旗示。各裁判组根据统一要求和实际条件，做到人员定岗、定位、定任务，并编写裁判工作实施细则。

（5）领导各裁判组检查各自的场地器材、设备和所需用具物品；

组织和领导各裁判组进行赛前现场实习；有重大比赛时，要亲自对计时组（包括电动计时和手工计时组）的工作过程进行检查，以使其符合比赛的要求。

（6）按照各组裁判工作细则，组织裁判员现场实习，使每个裁判员明确自己的岗位、任务，进行规范化的要求，熟练地掌握裁判方法，以及了解裁判员之间、裁判组之间的工作配合。

（7）赛前向编排记录公告组领取最后确认过的秩序册、竞赛成绩记录卡片、各组检录与比赛时间表等材料，及时发给裁判员。根据各阶段裁判工作的需要和裁判员工作情况，及时做好裁判员的人事调整，使全体裁判员以饱满的热情、熟练的裁判技术投入到比赛期间的工作。

2. 赛中。

（1）每单元比赛开始前，按规定时间（一般提前 40~60 分钟）到场，检查各裁判组到场情况，督促各裁判组准时开始检录和检查场地、器材准备情况，并组织裁判组入场。

（2）掌握比赛进程，保证本规则得到执行；处理规则中未作明文规定的任何问题；根据规则精神解决比赛中的有关疑难问题，一旦发现问题，应立即处理，以免影响比赛的进行；如遇特殊情况导致比赛不能进行时，应与竞赛委员会负责人、技术代表或仲裁委员会成员共同研究停赛或继续比赛的时间。

（3）裁判长的工作位置一般设在能够全面观察比赛情况处，对有可能发生问题的项目和地点，应多加注意，或亲临现场，以利于出现问题可及时、准确地处理；应对比赛进行中提出的抗议或异议做出裁决；对有不正当行为的运动员，可依据规则对该运动员进行警告、取消其录取资格或比赛资格的判罚。给予运动员警告应出示黄牌，取消其比赛资格应出示红牌。这些处分均应填入成绩记录卡。

（4）如裁判长认为某项比赛有失公允时，有权宣布该项比赛无效，并做出在当日或其他时间重新比赛的决定。

（5）每项（组）比赛结束后，审核计时成绩记录卡片。每张成绩卡片（表）都应有裁判长的签名。

（6）每日比赛结束后，应召集各组主裁判及相关负责人举行会议，及时了解当天的比赛情况和问题。对存在的问题，应提出解决的办法和采取的措施；对于比赛中的问题确属裁判工作的失误时，应及时修正；对犯严重错误或不称职的裁判员，可作适当处理，必要时可停止其职务与工作。

3. 赛后。

（1）全部比赛结束后，宣布成绩和比赛结束。

（2）领导全体裁判员根据大会要求写书面总结。

（3）做好善后工作，以及有关资料上报入档。

二、副裁判长的任务与职责

1. 协助裁判长组织领导裁判工作，是裁判长的助手，所做的工作对裁判长负责。

2. 在裁判长缺席时，代理裁判长职务，或受裁判长的委托处理有关问题。

3. 根据裁判长的建议，分工负责编排、记录和公告工作，负责场地、器材等设备的检查管理。

4. 检查各种通信设备、路线，发现问题及时处理。

5. 协助裁判长做好裁判队伍内部的事务管理。

6. 每单元比赛组织裁判组入场。

7. 比赛开始后，负责检查比赛秩序，加强赛场的安全措施。

8. 协助裁判长组织各种裁判工作会议。

三、检录主裁判、检录员的任务与职责

（一）任务

1. 根据竞赛日程安排各项比赛时间和技术手册规定的各项检录时间，召集运动员到检录处检录。

2. 根据规则规定，做好对运动员的各项检查工作，如参赛证、身份证、号码服装、比赛用具等是否符合规则规定。

3. 准时安全地沿着合理路线将运动员带到比赛场地，交发令员控制。

（二）职责

1. 检录主裁判的职责。

组织检录人员学习规则和规程，做好人员分工，制定检录工作细则和工作流程，掌握进程，对外协调。接受副裁判长的直接领导，全面负责检录处的各项工作，与编排记录公告组密切联系。检录前准备好各种检录所需的器材和用品，包括检录处标志牌、检录时间公告牌、文具、各种表格、手提喇叭、裁判桌椅、运动员休息凳、安全别针、针线、卡尺等。采用终点电动计时时，还需准备道次小号码、长跑顺序小号码。向编排记录组索取已经确认的竞赛日程表、运动员分道分组表（或卡片），根据比赛日程制定检录时间流程表。准确掌握检录时间，保证按时将运动员带到比赛场地，处理检录工作中出现的问题。特别检查参赛运动员比赛器材（板鞋是否符合规则和安全的要求）。

2. 检录员的职责。

（1）利用广播和张贴形式及时宣布检录地点、本单元各比赛项目

时间和注意事项。将各项比赛实到人数与秩序册核对，填写检录表和缺席运动员统计表，调整比赛卡片和比赛成绩表。

（2）按规则要求对运动员进行逐项细致检查，检录时应检查运动员的身份、号码、服装、比赛鞋、携带物等是否符合规则规定。如采用终点电动计时，分发道次小号码，提示运动员正确佩戴，防止脱落、颠倒等。检录员应事先准备充足的别针、针线等物品，便于运动员使用。在规定的时间内将运动员按预先选定的合理路线带入比赛场地，交发令员控制。检录时间截止，未到达的运动员均以比赛弃权论。每项比赛后，服务员或检录员回收小号码。

四、计时主裁判、计时副裁判、计时员的任务与职责

（一）任务

准确、迅速地计取板鞋竞速各竞赛项目运动员完成的比赛时间，确定比赛成绩。

（二）计时主裁判的职责

计时主裁判是组织和实施计时工作的核心，负责主持和协调计时组的工作并判定比赛运动员的成绩。

1. 赛前领导全体计时员认真学习竞赛规则与规程，根据计时员的工作能力及具体情况，明确分工与职责；根据大会日程安排，组织计时员进行计时方法的实习，并统一工作方法，制定工作细则；确定相关裁判组的分工协作方法；准备好各项比赛所需器材、表格等，了解场地设置和器材的准备情况。每组裁判员应为 3 名，中间 1 名应为小组长，负责记录成绩。

2. 比赛中按大会规定的时间和要求带领计时员入场，并按顺序定

位就座；再次明确工作分工和方法，检查秒表，接收并审核终点成绩记录卡片；各项比赛开始前 3~5 分钟，向计时员宣读本单元比赛项目及顺序，将成绩记录卡交给最下面的计时员并迅速向上传递。

3. 每项比赛开始前，要向计时员指出发令员的位置，并及时提示计时员注意（如"回表""上道""举枪"等）。

4. 比赛中，一旦某计时员的秒表没有开启或发生故障时，应立即给予解决。

5. 每组比赛后，迅速收回卡片，核对有无差错，并按规则判定运动员的正式成绩，与终点长确定无误后交裁判长，然后提示计时员回表，并用手势示意终点主裁判准备就绪。

6. 计时主裁判要计取每一组比赛第 1 名的成绩，凡破纪录时必须及时检查秒表，同时请裁判长复核。每单元比赛结束后，计时主裁判组织计时员进行工作小结，使工作精益求精。清点计时表等物品，办理归还手续。

（三）计时副裁判的职责

协助计时主裁判工作，准备好各项比赛所需器材、表格等，每组比赛前分发该组的比赛记录卡片。计时副裁判要计取每一组比赛第 2 名的成绩。

（四）计时员的职责

赛前认真学习规则、裁判法和工作细则，熟悉秒表性能，掌握计时方法和成绩记录方法。

每名计时员均应独立工作，不得让其他任何人看表，或讨论其所计的成绩。计时员填写成绩时应将每名运动员的成绩按 1/100 秒填写在分表栏中，然后按规则换算成 1/10 秒填写在决定成绩栏中。

1. 回表。任何时候计时员不能擅自回表，只有由计时主裁判统一发出"回表"的提示后才能回表。听到计时主裁判"回表"提示后，及时回表，并立即注意起点，辨认所计时运动员特征。

2. 开表。当听到"上道"的提示后，应立即注视起点发令员的动作；当听到"举枪"的提示后，立即将秒表置于腰腹部位稳定，计时员要高度集中注意力，目视烟屏，准备开表；当看到枪烟或闪光时，立即开表。

3. 查表。开表后首先检查秒表开启和走动情况，一旦出现问题要立即报告计时主裁判，以便采取补救措施。此外，要注意本身所计道次的运动员的特征和号码以及邻道运动员相对位置的变化，避免错计或漏计。

4. 停表。当所计道次第 1 名运动员的身体躯干（不包括头、颈、臂、腿和脚）的任何部位触及终点后沿垂直面的瞬间立即停表。此时，目光继续跟踪观察本道次运动员的两只板鞋的一部分仍未过终点线前脚与板鞋是否分离，如分离，判犯规。并注意号码是否与成绩记录卡上的号码相同。

5. 读表。注意不同类型秒表的显示方法，注意进位。如果出现破纪录情况，应立即报告记时主裁判。

6. 记录。填写比赛卡片和计时存查表。三只秒表所计成绩各不相同，应以中间成绩为准；如其中两只表成绩相同，则以相同成绩为准；如果只有两只秒表，所计成绩不同，则以较差的成绩为正式成绩。出现破纪录的情况，应在备注栏中做出说明。如果所计运动员中途退场或被罚下场，应在备注栏中做出说明。将每一名计时员所计成绩按 1/100 秒填写在分表栏中，然后，按规则换算成 1/10 秒填写在成绩栏中，并将所看名次填写在成绩卡上，以供终点裁判员参考。

7. 传递。计时员填好成绩卡后，迅速由上往下传递给计时主裁判，然后听计时主裁判的"回表"提示进行下一组次计时。

五、终点主裁判、终点裁判员的任务与职责

（一）任务

准确、迅速地判定每组比赛运动员的到达终点的名次，遇判定不一致时应由终点主裁判裁定。

（二）职责

1. 终点主裁判的职责。

（1）按大会规定的时间和要求带领终点裁判员入场，并按顺序定位就座。

（2）负责终点裁判员的分工，明确每名裁判员的职责。向终点裁判员宣布单元比赛的项目、顺序和时间。

（3）每项开始前要向终点裁判员提示，以便集中注意力，名次的观察应从比赛开始时就注意，直至观察到终点。领导终点裁判员判定运动员到达终点的名次。遇到裁判员判定名次不一致时，终点主裁判可做出裁决。

（4）每组比赛结束后，同计时主裁判取得联系，经核查无误，将各道次名次填入名次表。

（5）名次相同而成绩不同时，应同计时主裁判联系并最终裁定。

（6）每组比赛成绩确定无误并送记录员登记后，同计时主裁判取得联系，准备就绪后以旗示同主发令员取得联系进行下一组的比赛。如比赛过程中采用电动计时时，就不要使用旗示。全体裁判员应以宣告员所按下的铃声为准，各裁判组均应全神贯注做好比赛准备（宣告

员接到副裁判长指令后方可启动铃声）。每组比赛结束后，收齐名次报告表、核实签名后交终点记录员。

2. 终点裁判员的职责。

（1）准确、迅速地判定自己所负责的运动员名次。通常每人主看一个名次，兼看一个名次。以观察自己所负责道次的运动员为主，如运动员的道次号码未看清楚，应注意观察自己所分看的运动员的体形或服装等特点，待运动员到达终点时可上前询问清楚后再填名次表，与此同时，该裁判员应兼顾邻近道次运动员的名次。

（2）每组比赛应始终保持高度的注意力，准确无误地做出判定。如遇名次判定不清时，应及时地、实事求是地向终点主裁判报告。

（3）遇有问题应向终点主裁判提出，由终点主裁判做出最终裁定。认真填写终点名次报告表。

六、主发令员、发令员的任务与职责

（一）任务

根据竞赛规则的规定和运动会的比赛日程，组织各项运动员合理地、机会均等地起跑，准时开始比赛。全面主持比赛的起始工作，负责对每组运动员的起跑发出指令。

（二）职责

1. 主发令员的职责。

（1）按大会规定的时间和要求带领发令员进入起点，安排发令员进入各个工作位置。

（2）同终点主裁判取得联系，在准备就绪后，对运动员发出"各就位"口令，以鸣枪方式发出起跑口令。

（3）有权对运动员违反起跑规则的行为给予警告和判罚。

（4）对于起跑犯规 1 次的运动员，必须给予警告；起跑犯规 2 次者，取消其该项目比赛资格。

2. 发令员的职责。

（1）检查运动员所参加的比赛或组别是否有误，号码是否佩戴正确，各项道次应面向跑进方向，由左至右按道次排位。

（2）组织运动员按其道次正确地排列在起跑线后 3 米远的集合线上，完成工作后，向发令员表示准备就绪。如遇有运动员起跑时犯规跑出，应立即鸣枪（鸣笛）召回。记录犯规运动员，填写起跑犯规情况登记表。

七、检查主裁判、检查员的任务与职责

（一）任务

全面负责监督运动员在比赛过程中的行为，对违反规则的行为以书面报告交终点主裁判。

（二）职责

1. 检查主裁判的职责。

（1）组织全体检查员学习比赛规则和规程，明确任务、职责和分工，制定检查工作细则。

（2）按大会规定的时间和要求带领检查员进入场地，向检查员宣读单元比赛的项目、顺序和时间，检查员进入各自位置。全面监督运动员在比赛中的行为。

（3）每组比赛前、后以旗示同每一检查员保持联系。

（4）接力赛中重点注意接力区内的交接棒是否符合规则规定。

（5）迅速准确地核实运动员犯规的情况，对于违反规则的运动员，以书面报告的形式交裁判长。书面报告只能建议是否取消比赛或录取资格。

（6）与终点主裁判商定好比赛中的联络方式。

2. 检查员的职责。

（1）在检查主裁判带领下提前就位。

（2）比赛中注意观察所管区域内运动员的犯规和违例行为，如无犯规情况，即举白旗示意；发现犯规情况，应举红旗示意，并立即记录犯规运动员号码，准确标明犯规地点，迅速通知检查主裁判，及时填写检查报告表。

八、编排记录主裁判、记录员的任务与职责

1. 编排记录主裁判负责领导和分配记录员的工作，提示裁判长在成绩单上签字。

2. 比赛开始前，应根据规则、规程、报名单、大会日程及有关材料，编制竞赛日程及每单元竞赛分组表，以便编制秩序册。

3. 比赛开始后，要准确记录和及时公布由裁判长提供的每项、每组比赛成绩；预赛后，按成绩编排决赛秩序。

4. 比赛结束后，应尽快编制成绩册，经裁判长签名后送交大会。

九、宣告员的任务与职责

1. 任务。在裁判长的领导下，将比赛项目和进行情况及时向观众介绍，并宣布比赛成绩。

2. 职责。应宣告参加每项比赛的运动员姓名、号码以及所有有关

信息，如分组名单、排定的道次或站位等。收到有裁判长签名的每项成绩单后应尽快宣告，并记录宣告时间。

十、赛后控制中心任务

1. 及时组织比赛场上已完赛的运动员退场，确保赛场的良好秩序。
2. 及时归还运动员的衣物和证件等个人物品。
3. 及时将各项获奖运动员引领到颁奖台。
4. 协助新闻媒体对运动员进行采访。

参考文献

［1］杨海晨，沈柳红，赵芳，等．民族传统体育的变迁与传承研究：以广西南丹那地村板鞋运动为个案［J］．体育科学，2010，30（12）：34-41.

［2］万利．探析三人板鞋竞速运动技术［J］．高等函授学报（自然科学版），2009（1）：39-42.

［3］姜钊．三人板鞋竞速的运动损伤调查分析［J］．广西民族学院学报，2003（8）：75-76.

［4］刘柳．少数民族传统体育项目——板鞋竞技教学与训练初探［J］．贵州民族学院学报（哲学社会科学版），2007（5）：194-196.

［5］唐志云，黄友军．广西民族传统体育项目板鞋竞速的现状与发展对策［J］．宜宾学院学报，2008（6）：93-95.

［6］蔡春华，周威．板鞋运动的开展现状与开发推广模式探讨［J］．广州体育学院学报，2008（2）：102-105.

［7］梁文敏．板鞋竞速教学与训练研究［J］．广东技术师范学院学报，2008（9）：62-65.

［8］唐志云．广西民族传统体育项目板鞋竞速的现状研究［J］．吉林体育学院学报，2008（3）：144-146.

［9］赵正浩．浅析少数民族传统体育项目"三人板鞋"［J］．考试

周刊，2009（11）：151.

[10] 伍绍祖. 中华人民共和国体育史（1949—1998）综合卷 [M]. 北京：中国书籍出版社，1999.

[11] 蔡春华，肖国强，梁文敏. 大学生板鞋运动员身体形态及体能特征 [J]. 体育学刊，2007（5）：55-58.

[12] 唐志云，黄友军. 广西民族传统体育项目板鞋竞速的现状与发展对策 [J]. 宜宾学院学报，2008（6）：93-95.

[13] 黄友军，唐志云. 广西少数民族传统体育项目"板鞋竞速"的现状与发展对策 [J]. 百色学院学报，2008（6）：95-97.

[14] 梁文敏. 板鞋竞速教学与训练研究 [J]. 广东技术师范学院学报，2008（9）：62-65.

[15] 韦江华，蒋东升，凌齐，等. 三人板鞋竞速运动员生理、生化特征及训练研究 [J]. 体育世界（学术版），2009（10）：30-32.

[16] 蔡春华，冯道光，张秀丽，等. 三人板鞋运动的运动学特征 [J]. 体育学刊，2008（8）：100-105.

[17] 唐志云，蒋明军. 广西民族传统体育文化的传承与发展——以板鞋竞速走进全国民运会为例 [J]. 百色学院学报，2007（6）：106-109.

[18] 周杰，刘文燕，张杰. 三人板鞋竞速一个单步周期中板鞋与地面夹角变化幅度的技术分析 [J]. 凯里学院学报，2011（3）：122-125.

[19] 全国体育院校成人教育协作组《身体素质训练法》教材编写组. 身体素质训练法 [M]. 北京：人民体育出版社，1999.

[20] 金旭东，刘起龙，李莹. 板鞋竞速运动 [M]. 昆明：云南大学出版社，2013.

[21] 吴军，谢琴. 木球·板鞋竞速 [M]. 银川：宁夏人民出版社，2011.